Jürgen Schwarz

Ein jegliches hat seine Zeit

Jürgen Schwarz

Ein jegliches hat seine Zeit

Predigten in den Wechselfällen des Lebens

Fromm Verlag

Impressum/Imprint (nur für Deutschland/ only for Germany)
Bibliografische Information der Deutschen Nationalbibliothek: Die Deutsche Nationalbibliothek verzeichnet diese Publikation in der Deutschen Nationalbibliografie; detaillierte bibliografische Daten sind im Internet über http://dnb.d-nb.de abrufbar.

Coverbild: www.ingimage.com

Contact:
International Book Market Service Ltd., 17 Rue Meldrum, Beau Bassin, 1713-01 Mauritius
Website: www.bookmarketservice.com
Email: info@bookmarketservice.com

Gedruckt in: USA, UK, Deutschland. Dieses Buch wurde nicht in Mauritius produziert.

Imprint (only for USA, GB)
Bibliographic information published by the Deutsche Nationalbibliothek: The Deutsche Nationalbibliothek lists this publication in the Deutsche Nationalbibliografie; detailed bibliographic data are available in the Internet at http://dnb.d-nb.de.

Cover image: www.ingimage.com

Contact:
International Book Market Service Ltd., 17 Rue Meldrum, Beau Bassin, 1713-01 Mauritius
Website: www.bookmarketservice.com
Email: info@bookmarketservice.com

Printed in: U.S.A., U.K., Germany. This book was not produced in Mauritius.

ISBN: 978-3-8416-0273-2

Inhalt

IV. Wechselfälle des Lebens

Vorwort

„Ein jegliches hat seine Zeit."

Der Buchtitel aus dem Prediger 3,1 ist kein Hinweis für Börsenspekulanten zum erfolgreichen Ankauf und Verkauf von Aktien. Der Prediger zieht vielmehr eine Bilanz aus seiner Beobachtung des menschlichen Lebens. Alles, was sich zwischen Geburt und Tod eines Menschen abspielt, läuft in geordneten Bahnen ab, die Gott bestimmt. So sehr der Mensch auch abhängig ist von den Umständen, die er nicht beeinflussen kann, verfällt er doch nicht einer fatalistischen Stimmung, sondern weiß sich geborgen in seinem Glauben, der sich allerdings oft erst im Rückblick auf die Ereignisse bestätigt, dass Gott „alles fein zu seiner Zeit tut". (Pred 3,11) Gott, so meint der Prediger, hat dem Menschen die Erkenntnis ins Herz gelegt, dass hinter dem Lauf der Dinge die ordnende Hand Gottes erkennbar ist. Deshalb gibt es für den Menschen nichts Besseres zu tun, als alle Lebensgüter fröhlich zu genießen.

Weil aber der Mensch immer wieder die Ungerechtigkeiten der Welt an sich und anderen Menschen erlebt, ist ein solcher Glaube nur schwer durchzuhalten. Es gibt Krisenpunkte im Leben, die nur schwer zu bewältigen sind.

Der Dichter Christian Fürchtegott Gellert (1715 - 1769) beendet sein Gedicht „Der Greis" mit den Worten: „Hört, Zeiten, hört's! Er ward geboren, er lebte, nahm ein Weib und starb." Darin sind die vier Stationen und Abschnitte des menschlichen Lebens in aller Kürze benannt. Sie bilden auch die Gliederung dieser Predigtsammlung: die Geburt mit der „Taufe", die Eheschließung mit der „Trauung" und schließlich der Tod mit der

„Beerdigung“. Dazwischen liegt das weite Feld des Lebens mit vielen Ereignissen, die einen Menschen am Glauben zweifeln lassen können (Angst, Klage, Krisen, Leid, Scheitern, Verzweiflung), und nur wenigen, die einem über die Abgründe hinweghelfen (Glaube, Hoffnung, Liebe).

Der Seelsorger wird sich bemühen, alle diese „Kasualien“ ins rechte Licht zu rücken und den Glauben zu stärken, „dass denen, die Gott lieben, alle Dinge zum Besten dienen.“ (Röm 8,28)

Jürgen Schwarz

I. Taufen

1. Taufe

Joh 10,11.14

Viele Hoffnungen, Wünsche und Erwartungen begleiten die Kinder, die ihr heute zur Taufe bringt. Ich habe für sie nur einen Wunsch: dass sie ihre Straße fröhlich ziehen mögen. Darauf komme ich durch eine Geschichte aus dem Neuen Testament, in der erzählt wird, dass ein Schatzmeister aus Äthiopien dem Christen Philippus begegnet, der ihm von Jesus Christus erzählt. Daraufhin hält der Schatzmeister seinen Wagen an, steigt aus und lässt sich von Philippus taufen. Und dann heißt es weiter: „Er zog seine Straße fröhlich."

Ob das bei euren Kindern auch der Fall ist? Wir wissen es nicht, denn die Zukunft liegt dunkel vor uns. Und die Aussichten sind nicht gut. Und die Taufe bewahrt auch nicht vor Kummer und Leid. Aber warum war der Afrikaner fröhlich?

Nicht wegen des Rituals, sondern weil Jesus in sein Leben getreten war, und zwar durch einen Menschen, der ihm von Jesus erzählt hat, vielleicht dieses:

„Ich bin der gute Hirte. Der gute Hirte lässt sein Leben für die Schafe. Ich bin der gute Hirte und kenne die Meinen, und die Meinen kennen mich." (Joh 10,11.14)

Jesus kennt auch eure Kinder. Das glaubt ihr, und das wollt ihr bezeugen, indem ihr eure Kinder taufen lasst. Aber nun kommt alles darauf an, dass diesen Kindern Menschen begegnen, die ihnen sagen, wer mit dem guten Hirten gemeint ist.

Die Taufe ist keine Zauberei. Sie gründet sich auf Menschen, die sich verantwortlich fühlen, auf Eltern, Paten und die Gemeinde.
Kein Kind kann Gottes Güte begreifen, wenn ihm nicht menschliche Güte begegnet, im Elternhaus, in der Schule und am Arbeitsplatz. Menschen, die nicht nur fromme Sprüche machen, sondern Jesus nachfolgen in ihrem Tun. Ihre Wünsche und Hoffnungen, ihre Ängste und Befürchtungen sind in diesen beiden Versen aufgefangen.
Der Schatzmeister zog seine Straße fröhlich. Auch eure Kinder können fröhlich ziehen, wie wir alle, die wir wissen und glauben: Der Herr ist mein Hirte.

---

2. Taufe

Phil 4,4

Gleich wird es geschehen: Wir werden das Kind über die Taufe halten, die alten Taufworte hören, Wasser wird fließen, und vielleicht wird das Kind weinen.
Das Kind wird nicht verstehen, was da mit ihm geschieht, aber es könnte später fragen: Warum bin ich getauft? Warum habt ihr das getan? Bohrende Kinderfragen zu beantworten ist manchmal gar nicht so leicht. Was kann man also antworten?
Vielleicht dieses: Wir haben dich getauft, weil wir uns so gefreut haben, dass du geboren bist. Wir wollten dafür dankbar sein, dass es dich gibt. Und dann könnte Ihr Kind verstehen: Taufe hat etwas mit Freude zu tun, mit der Freude der Eltern, dass ihnen ein Kind geboren ist. Taufe hat es mit Dankbarkeit zu tun, mit der Dankbarkeit der Eltern, dass ich so bin,

wie ich bin. Die Eltern sagen „Ja“ zu mir, und dieses „Ja“ kann nicht erschüttert werden.
Wirkliche Freude und wirkliche Dankbarkeit gehen über den Alltag hinaus. Sie geben Ausblick in eine andere Welt. Freude und Dankbarkeit können wir über manche Dinge empfinden, die wir selbst geschaffen haben: in der Schule, im Beruf, in der Familie und bei Freunden. Aber es gibt auch Freude und Dankbarkeit, die wir nicht selbst schaffen, die uns zuwächst, die uns zum Vertrauen ermutigen gegen Angst und gegen Resignation. Ich meine Freude und Dankbarkeit, die aus Gott kommt.
Daran will uns auch der Taufspruch erinnern:
„Freuet euch in dem Herrn allewege, und abermals sage ich: Freuet euch!“ (Phil 4,4)
Freude kann man eigentlich nicht befehlen, Freude kann man sich auf Dauer auch nicht selber schaffen, Freude wird einem geschenkt, „in dem Herrn“.
Wir taufen Ihr Kind, weil wir möchten, dass auch ihm ein Licht scheine in der Finsternis. Dann werden Freude und Dankbarkeit das letzte Wort behalten.

---

3. Taufe

Mk 9,23 und 1Joh 3,18

Die landläufige Meinung lautet: Die Taufe ist ein alter Zopf, man sollte ihn abschneiden. Die Taufe macht nur Umstände, und die Täuflinge verstehen überhaupt nichts. Außerdem: Wie sollte sich Gott um so kleine Kinder kümmern?
Lasst uns trotzdem versuchen, die Taufe zu verstehen, nicht in direkten

Aussagen, sondern in umschreibenden Bildern. Schon der Evangelist Markus hat bei der Taufe Jesu solche umschreibenden Bilder gebraucht. Nach der Taufe Jesu heißt es da: „Der Himmel tat sich auf.“ Das ist ein Bild dafür, dass die Trennung zwischen Gott und den Menschen aufgehoben ist.

Dann kommt Gottes Geist wie eine Taube herab als Zeichen dafür, dass Gott uns Kraft verspricht, Kraft, die uns durch unser Leben leitet und begleitet.

Und am Schluss hören wir die Worte: „Du bist mein lieber Sohn, an dir habe ich Wohlgefallen.“ Schön, wenn ein Vater sein Kind liebt, weil er seine Freude daran hat.

Diese Bilder zeigen sich auch in den beiden Taufsprüchen des heutigen Tages:

„Alle Dinge sind möglich dem, der da glaubt.“ (Mk 9,23)

„Lasst uns nicht lieben mit Worten noch mit der Zunge, sondern mit der Tat und mit der Wahrheit.“ (1Joh 3,18)

Der erste Taufspruch stellt den Glauben in den Mittelpunkt. Was sollen wir denn glauben? Wir sollen glauben und darauf vertrauen, dass Gott uns liebt. Dieser Glaube kommt nicht von selbst, sondern ist eine Auswirkung der Kraft, die wir Heiliger Geist nennen. Und was ist dann möglich?

Das zeigt uns der zweite Taufspruch. Weil wir von der Wahrheit, dass Gott uns liebt, überzeugt sind, können wir andere mit Taten und nicht nur mit Worten lieben.

Wir haben eben gehört, dass der Glaube nicht von selbst entsteht. Neben dem Heiligen Geist gibt es noch eine zweite Quelle des Ursprungs. Wir selbst müssen den Glauben vermitteln, wir als Eltern und Paten. Wir haben eine wichtige Aufgabe. Wir sollen unseren Kindern die Liebe Gottes bezeugen, indem wir uns gegenseitig lieb haben und

unseren Kindern Liebe schenken.
Gott verbindet sich heute mit euren Kindern. In euren Kindern begegnet ihr Gott selbst. Gott gebe, dass euch diese wichtige Aufgabe gelingt.

---

4. Taufe

Lk 6,36 und Röm 15,7

Die Taufe ist ein guter Anlass für eine Familienfeier im Kreise der Großfamilie, mehrerer Generationen und viele Freunde. Dabei wird uns immer klar, dass keiner für sich allein lebt und leben kann.
Und dennoch ist die Taufe mehr als ein guter Anlass für eine Familienfeier. Worin liegt dieses „Mehr“? Nun, zunächst ist die Taufe ein religiöser Ritus, der schwer zu verstehen ist, aber doch deutlich machen will, dass wir einem größeren Ganzen angehören, der Kirche und dem Christentum.
Natürlich geben Kirche und Christentum Anlass zu Kritik. Da gab es viel an Wahn und Gräuel, an Irrungen und Wirrungen.
Aber sie bilden auch das Fundament einer Tradition, der wir viel verdanken, die uns geprägt hat durch Eltern, Schule, Bücher und Kultur. Der Geist Christi ist das, was uns innerlich prägt, eine Stimme, der wir folgen. Es ist nämlich wichtig, wes Geistes Kinder wir sind. An schrecklichen Terroranschlägen und Amokläufen merken wir immer wieder, dass es ohne Grundwerte und ohne Religion nicht geht.
In der Taufe bekennen wir uns zu diesem Fundament. Durch die Taufe werden Eure Kinder Mitglieder der christlichen Kirche, sie werden „Leib Christi“, und zwar nicht irgendwo, sondern hier, mitten in unserem Leben. Der Geist Christi soll unter uns wirken.

Diese Einsicht teilen die Eltern, denn sie haben für die beiden Täuflinge die Taufsprüche ausgewählt:

„Seid barmherzig, wie auch euer Vater barmherzig ist." (Lk 6,36)

„Darum nehmt einander an, wie Christus euch angenommen hat zu Gottes Lob." (Röm 15,7)

Diese beiden Taufsprüche sind eine Zumutung. Im Allgemeinen erwarten wir bei der Taufe Schmuseverse in der Art: „Du bist nicht allein."

Hier aber werden Forderungen gestellt, Forderungen, die eigentlich unerfüllbar sind, denn wir neigen eher zu Vergeltung und Rache.

Was wäre das aber für eine Welt, wenn der Mensch der Wolf des Menschen ist: Homo homini lupus est.

Nein, so soll es nicht sein. Die Taufsprüche sind nur dann eine Zumutung, wenn man nicht die Fortsetzung liest: ... „wie auch euer Vater barmherzig ist", ... „wie Christus euch angenommen hat zu Gottes Lob".

Gott nimmt uns an durch Mitmenschen: durch Eltern, Paten und Freunde, durch Worte, Lieder, Zuspruch und Trost, später dann auch durch Hilfe, Ratschläge und Unterstützung.

Die Entwicklungspsychologen nennen diesen Vorgang die Herausbildung des „Urvertrauens", des Vertrauens zu anderen, zu Umwelt und zu sich selbst.

Mit euren Kindern wächst eine neue Generation heran. Wir wissen nicht, wie ihre Welt einmal sein wird. Aber wir können ihnen den Weg ebnen. Die Taufsprüche zielen in erster Linie auf uns und auf euch.

Eine kleine Geschichte könnte uns das verdeutlichen:

Ein Wanderer trifft einen alten Mann, der gerade einen Johannisbrotbaum pflanzt. „Wann trägt er denn Früchte?" – „In 70 Jahren." – „Du Narr, dann lebst du doch gar nicht mehr. Pflanze lieber einen Apfelbaum." – „Nein, als ich geboren wurde, habe ich von den Bäumen gegessen, die meine Vorväter gepflanzt haben."

5. Taufe

Ps 32,8

Darüber sind wir uns alle einig: Wir wollen das Beste für unsere Kinder. Schon vor der Geburt suchen wir Ärzte auf, lassen Untersuchungen machen und treffen erste Vorbereitungen für die Geburt.
Nach der Geburt pflegen wir die Kinder, legen sie trocken und lassen sie gegen alle möglichen Krankheiten impfen.
Und wenn sie erst ein wenig größer geworden sind, sorgen wir für die Nahrung, die Kleidung, die Spielsachen, die entsprechende Schulbildung und lassen uns Ausbildung und Studium eine Menge Geld kosten. Das tun wir alles, weil wir die Verpflichtung spüren: „Die Kinder sollen es einmal gut haben."
Zu dieser Verpflichtung passt der heutige Taufspruch sehr gut:
„Ich will dich unterweisen und dir den Weg zeigen, den du gehen sollst. Ich will dich mit meinen Augen leiten." (Ps 32,8)
Das könnten Eltern sagen, auch Paten, Lehrer und Lehrherren.
Aber so ist das gar nicht gemeint, denn dieser Spruch ist ein Psalmvers. Wenn ihr euer Kind heute zur Taufe bringt, dann soll damit etwas anderes zum Ausdruck kommen, nicht die Betonung eurer guten Vorsätze.
Das „Ich" in dem Psalmvers ist nämlich Gott: Gott erklärt dies Kind zu seinem Kinde. Gott will ihm helfen, dass es einen Halt im Leben hat. Gott will für das Kind sorgen, ihm helfen, auch wenn dem Kind kein anderer mehr helfen kann. Ich sage bewusst: Gott will das tun. Aber kann er das überhaupt? Zweifel überfallen uns.
Eine gute Hilfe, dennoch darauf zu vertrauen, ist die Vorstellung von den Engeln. Denkt an die Geschichte von Jakob und der Himmelsleiter. Denkt an Joseph, der sich durch einen Engel dazu leiten ließ, mit dem

Jesuskind und seiner Mutter nach Ägypten zu fliehen. Nehmt es als gutes Zeichen, dass der Name des Täuflings, Mika nämlich, auf den Engel Michael deutet. Engel sind uns näher, als wir manchmal glauben, besonders die Schutzengel.
Auch Mika hat einen Schutzengel. Ich habe ihn heute Morgen gesehen. Eigentlich wollte er sich unsichtbar machen und nicht in Erscheinung treten. Aber ich habe ihn überredet, doch zu kommen. Er ist ganz klein: Man kann ihn leicht übersehen. Er ist ganz leise: Man muss schon genau hinhören, wenn man ihn bemerken will. Und vor allem: Er trägt ein Herz in seinen Händen, womit er sagen will: Nicht Erfolg, Leistung und Karriere sind wichtig, sondern Herzensgüte und Herzenswärme.
Ihr, Eltern und Paten, müsst dabei dem Mika helfen, den Schutzengel richtig zu verstehen. Ich bin sicher, Ihr schafft das.

II. Trauungen

1. Trauung

Jes 58,11

Der Tag der Hochzeit ist ein bedeutsamer Tag, ein glanzvoller Höhepunkt im Leben, ein Tag großer Freude. Alles deutet auf diese Freude hin: Festkleider und Blumen, Kerzen, Musik und dieser Gottesdienst, Essen, Trinken und Tanzen, Glückwünsche und Geschenke.
Alles das gilt den Brautleuten. Gerade für sie ist es ein großer Tag. Sie denken an die Vergangenheit, wie sie sich kennengelernt haben, wie sie sich füreinander entschieden haben, wie sie gegen manche Widerstände an diesem Entschluss festgehalten haben. Und sie denken an die Zukunft, dass sie beieinander bleiben wollen, dass sie ihre Pläne verwirklichen wollen, dass sie ihr Leben gemeinsam gestalten wollen. Sie sind miteinander verbunden, durch gemeinsame Wünsche und Hoffnungen, durch gemeinsame Erwartungen und Träume.
Wir alle empfinden in dieser Stunde jedoch nicht nur Freude, sondern auch eine gewisse Beklemmung. Wir denken daran, dass sich manchmal Hoffnungen nicht erfüllen, dass Menschen, gerade junge Ehepaare, manchmal aneinander vorbeileben können.
In dieser Lage hören wir Gottes Wort, zugleich den Trau-Text des Brautpaares:
„Der Herr wird dich immerdar führen und dich sättigen in der Dürre.“ (Jes 58,11)
Liebes Brautpaar! Als wir uns zuletzt sahen, da habt ihr mir gesagt, das sei genau das richtige Wort für diese Stunde, weil hier der Alltag eines

Ehepaares beschrieben wird. Das Ehepaar lebt von der Hoffnung, satt zu werden in der Dürre.

Nun muss man wissen, dass dieser Vers nicht als Spruch für Eheleute gedacht war. Der Prophet Jesaja spricht hier zu einem ganzen Volk, zum Volk Israel. Er erinnert das Volk an dessen eigene Vergangenheit: an den Auszug aus der Knechtschaft, an die Wüstenwanderung, an den Einzug ins gelobte Land. Er erinnert an mancherlei Hilfe, die das Volk erfahren hat: Brot gegen das Verhungern, Wasser gegen das Verdursten, Vergebung für den ständigen Abfall von Gott. Daraus leitet Jesaja seine Hoffnung für das Volk ab: So wie es war, wird es immer sein. „Der Herr wird dich immerdar führen und dich sättigen in der Dürre."

Dieses Wort gilt aber auch euch als Ehepaar. Ihr seid ausgezogen aus vertrauten Umständen, ihr habt euch auf den Weg gemacht, der euch manchmal wie ein Weg durch die Wüste erscheinen wird.

Wenn das Volk Israel in Not war, schrie es zu Gott und klagte ihm seine Not. Auch ihr könnt alles, was euch bedrücken wird, vor ihm aussprechen. Ein solches Aussprechen ist nie sinnlos. Ihr werdet merken, dass dieses Reden zu Gott euch hilft. Ihr seht einen Ausweg aus der Lage, die ihr als Dürre empfindet. Ihr merkt, dass ihr in dieser Dürre nicht zugrunde geht.

Die Dürre ist nicht nur der Mangel an Dingen, die sich andere leisten können. Es gibt selbst im Überfluss eine Dürre zwischen Menschen, etwa wenn sie sich gegenseitig Vorwürfe machen oder wenn sie dann gar nicht mehr miteinander reden. Auch aus dieser Dürre will euch Gott führen. Er will euch von Schuld befreien. Dann könnt ihr merken, dass ihr den Mut habt, es wieder mit dem anderen zu versuchen, selbst den ersten Schritt zu tun, auf den der andere schon wartet. So wie Gott mit dem Volk Israel geredet hat, so können dann auch Eheleute miteinander reden.

Hab keine Angst vor mir.
Ich meine es gut mit dir.
Ich kenne dich.
Ich bleibe bei dir.
Wir gehören zusammen.

Dazu helfe euch der Herr.
Lasst euch von ihm führen
auf euren Wegen der Freude und der Angst,
auf den Wegen der heiteren Unbeschwertheit
und der ernsten Beschwernisse.

---

2. Trauung

1Kor 16,14

Die Eheschließung ist ein wichtiges Ereignis im Leben zweier Menschen. Sie müssen sich wochenlang darauf vorbereiten, Zeit und Geld investieren, viele Überlegungen anstellen. Vielleicht ist die Hochzeit das Ereignis im Leben, mit dem die meisten Hoffnungen und Erwartungen verknüpft sind.
Warum das alles? Warum heiraten Menschen?
Sie gründen einen Hausstand. Das hat praktische Vorteile für die Lebenshaltungskosten, die Miete und die Steuerklasse. Es sind Vernunftgründe, von denen es in der Vergangenheit noch mehr gegeben hat: Man heiratete, um den Besitz zu wahren und zu mehren. Man bekam einen Arbeitsplatz. Man konnte in bestimmte Ämter gewählt werden usw. Seit etwa 200 Jahren haben wir uns angewöhnt, diese

Vernunftgründe nicht mehr oder nicht mehr ausschließlich gelten zu lassen. Es gibt einen wichtigeren, besseren Grund, wie wir meinen: Menschen heiraten aus Liebe. Liebe, diese Himmelsmacht, dieses Gefühl ohne Grenzen, diese Leidenschaft. Man kann aus Vernunftgründen gegen die Heirat sein: „Aber wir lieben uns doch!" Liebe als Schutzschild gegen allen Hass, Liebe als Versicherung gegen alles Vergängliche. Das ist schön, liefert den Stoff für so manchen Schlager, wie z. B. den von Drafi Deutscher:

Weine nicht, wenn der Regen fällt,
es gibt einen, der zu dir hält.

Refrain:
Marmor, Stein und Eisen bricht,
aber unsere Liebe nicht.
Alles, alles geht vorbei,
doch wir sind uns treu.

Kann ich einmal nicht bei dir sein,
denk daran, du bist nicht allein.

Refrain

Nimm den goldenen Ring von mir,
bist du traurig, dann sagt er dir:

Refrain

Dieses Lied trifft unsere Gefühle und war wohl deshalb 1965 so erfolgreich und ist es bis heute geblieben. „Power Of Love“ gegen alles Einengende, Zwanghafte, Notwendige, gegen alle Widrigkeiten dieser Welt. Aber stimmt das auch, was Drafi Deutscher hier singt? Man kann da seine Zweifel haben. Seht euch diesen Stein an. Er ist hart, ein Granit, vom Wasser und Wind dieser Welt geformt, glatt und rund geschliffen, aber immer noch da, älter als wir, er wird uns überdauern. Und die Liebe. Ist sie wirklich so unzerbrechlich? Marmor, Stein und Eisen hält, doch so manche Liebe fällt viel zu schnell vom Baum der Erkenntnis: Du hast dich ja so verändert! Früher warst du ganz anders! Von Liebe keine Spur mehr! Man kann sagen, was man will: Liebe bleibt das Zauberwort.

Auch ihr habt euch einen Trauspruch gewählt, in dem das Wort "Liebe" vorkommt: „Alle eure Dinge lasst in der Liebe geschehen!“ Ein Satz aus einem Brief des Apostels Paulus. Zunächst war das kein Wort für Eheleute, sondern eine Mahnung an die Gemeinde in Korinth. In dieser Gemeinde gab es Streit, der durch schwärmerische Gefühle ausgelöst wurde. Die Begeisterung ging so weit, dass einige meinten, auf andere keine Rücksicht mehr nehmen zu müssen. Das kann es auch zwischen zwei Menschen geben. Deshalb ist es auch ein Wort für Eheleute. Paulus ist kein Schwärmer, sondern ein Realist. Liebe hat es nicht in erster Linie mit Gefühlen zu tun, obwohl es uns oft so vorkommt. Liebe überwältigt uns, überfällt uns wie ein Gewittersturm. Es schlägt ein, ein Blitz trifft uns, wir brennen lichterloh. Alles richtig! Aber es gibt auch eine Liebe auf den zweiten oder dritten Blick. Darauf will uns Paulus hinweisen. Diese Liebe hat es mit Erfahrungen zu tun, mit Wertschätzung. So kann sie geboten werden, als eine Haltung, eine Einstellung, als etwas Handfestes wie dieser Stein.

Als Gefühl kann man Liebe nicht befehlen, aber als Grundeinstellung, als

Art, mit Menschen umzugehen. „Alle eure Dinge lasst in der Liebe geschehen!“, ist eine Aufforderung. Habt den Willen dazu, dann geschieht es auch. Wartet nicht auf ein Wunder, auf den berühmten Zufall oder darauf, dass erst einmal der andere seine Liebe beweisen muss. Nein, werdet selbst aktiv, setzt euch ein, lasst nicht nach in eurem Bemühen, auf den anderen zuzugehen.

Euer Trauspruch will Widerstände überwinden helfen, will Mut machen zu einer nüchternen Liebe. Die Ehe ist kein Himmel auf Erden, auch nicht die Hölle zu zweit, sondern ein Unternehmen, wo einer auf den anderen angewiesen ist, gerade dann, wenn es schwierig wird. Lasst „alles“ bei euch in der Liebe geschehen. „Alles“, das ist das ganze Leben: Essen und Trinken, Arbeit und Freizeit, Umgang mit der Verwandtschaft und den eigenen Kindern, Übereinstimmung und Streit.

Das sagt Paulus so selbstverständlich, dass man schon fast wieder misstrauisch werden könnte. Er fordert viel, er verlangt vielleicht sogar etwas, was Menschen gar nicht leisten können. Aber hört genau hin. Dieses „Alle eure Dinge lasst in der Liebe geschehen!“ hat ja noch einen anderen Sinn. „Etwas geschehen lassen“ meint ja auch, etwas eintreten lassen, was nicht von einem selbst ausgeht. Das ist auch in der Liebe so. Ihr seid ja schon geliebt. Ihr seid Geliebte, ihr seid umgeben von Liebe. Die Liebesgeschichten des Neuen Testamentes weisen uns immer wieder darauf hin, Gott liebt uns. Jesus macht uns das deutlich, er gibt sich mit Menschen ab, die keiner liebt, mit Zöllnern, Sündern, unheilbar Kranken, mit Ausgestoßenen, ja sogar mit einer Ehebrecherin. Er legt diese Frau nicht auf ihre Vergangenheit fest, auf ihre Schuld, ihr Versagen. Er begegnet ihr mit Vertrauen, er traut ihr etwas zu, nämlich noch einmal neu anzufangen.

Auf eurer Einladung zur Hochzeit steht: Wir trauen uns. Was heißt das?

a) etwas wagen: die Ehe!

b) Wir vertrauen uns: wir sagen uns alles, wir halten zueinander.

c) Wir trauen dem anderen etwas zu, wir sind gewiss: er ist treu.

Ich verstehe es in dem Sinne: Ihr wollt einander treu bleiben, dem anderen zutrauen, dass er mit eurer Hilfe seine Schwächen, sein Versagen, seine Schuld überwindet. Wir können das wirklich, weil Gott jeden Tag so mit uns umgeht. Ich wünsche euch, dass ihr so miteinander leben könnt, dass alles bei euch in dieser vergebenden und deshalb starkmachenden Liebe geschieht. Eine solche Liebe lässt uns leben, macht uns zuversichtlich, gibt uns Beständigkeit und Festigkeit.

Jesus hat von sich in vielen Bildern gesprochen: Er ist der Weg, die Wahrheit und das Leben, er ist das Brot, er ist der Weinstock, er ist der gute Hirte. Ich möchte zum Schluss noch an ein anderes Bild erinnern. Jesus ist der lebendige Stein, der feste Grund, auf dem man stehen kann. Jesus als Stein, ein nicht so geläufiges Bild. Auf einen Stein kann man sich verlassen. Auf einem steinigen Grund kann man besser bauen als auf Sand. Das gilt auch für das Haus der Liebe. Liebe braucht einen festen Grund. Gebt eurer Liebe einen festen Grund, Jesus Christus, dann habt ihr bei Gott einen Stein im Brett.

Menschen, die heiraten, brauchen vor allem eins: die Liebe, die uns immer wieder die Kraft gibt, beim Anderen zu bleiben und ihm beizustehen. Der Apostel Paulus schreibt über diese Liebe, die den anderen sucht, im 13. Kap. des 1. Korintherbriefes:

1 Wenn ich mit Menschen- und mit Engelzungen redete und hätte die
Liebe nicht, so wäre ich ein tönendes Erz oder eine klingende Schelle.
2 Und wenn ich prophetisch reden könnte und wüsste alle Geheimnisse
und alle Erkenntnis und hätte allen Glauben, sodass ich Berge versetzen
könnte, und hätte die Liebe nicht, so wäre ich nichts.
3 Und wenn ich alle meine Habe den Armen gäbe und ließe meinen Leib
verbrennen und hätte die Liebe nicht, so wäre mir's nichts nütze.
4 Die Liebe ist langmütig und freundlich, die Liebe eifert nicht, die Liebe
treibt nicht Mutwillen, sie bläht sich nicht auf,
5 sie verhält sich nicht ungehörig, sie sucht nicht das Ihre, sie lässt sich
nicht erbittern, sie rechnet das Böse nicht zu,
6 sie freut sich nicht über die Ungerechtigkeit, sie freut sich aber an der
Wahrheit;
7 sie erträgt alles, sie glaubt alles, sie hofft alles, sie duldet alles.
8 Die Liebe hört niemals auf, wo doch das prophetische Reden aufhören
wird und das Zungenreden aufhören wird und die Erkenntnis aufhören
wird.
9 Denn unser Wissen ist Stückwerk und unser prophetisches Reden ist
Stückwerk.
10 Wenn aber kommen wird das Vollkommene, so wird das Stückwerk
aufhören.
11 Als ich ein Kind war, da redete ich wie ein Kind und dachte wie ein
Kind und war klug wie ein Kind; als ich aber ein Mann wurde, tat ich ab,
was kindlich war.
12 Wir sehen jetzt durch einen Spiegel ein dunkles Bild; dann aber von
Angesicht zu Angesicht. Jetzt erkenne ich stückweise; dann aber werde
ich erkennen, wie ich erkannt bin.
13 Nun aber bleiben Glaube, Hoffnung, Liebe, diese drei; aber die Liebe
ist die größte unter ihnen.

III. Beerdigungen

1. Beerdigung

Joh 8,12

Eine Stimme, die uns vertraut war, schweigt;
ein Mensch, der einmal da war, ist nicht mehr.
Er braucht uns nicht mehr. Wir halten inne.
Vergangenes zieht in Gedanken vorbei:
gemeinsame Tage, die gelungen sind oder leer blieben,
Stunden, in denen wir miteinander lachten,
und Stunden, in denen es schwer war.
Wir kamen uns nahe, wir blieben uns fremd.
Nun spüren wir, was es bedeutet, allein zu sein.
Und wenn wir uns in Trauer vergraben,
wenn uns nichts mehr anspricht,
dann, Herr, lass einen anderen Tag anfangen,
der uns aufs Neue ins Leben ruft.

Jesus Christus spricht:
Das Licht wird noch kurze Zeit unter euch sein. Geht euren Weg, solange es hell ist, damit euch die Dunkelheit nicht überfällt. Wer im Dunkeln geht, weiß nicht, wohin sein Weg führt.
Verlasst euch auf das Licht, solange ihr es habt. Dann werdet ihr Menschen, die im Licht leben.
Ich bin als Licht in die Welt gekommen, damit jeder, der mir vertraut, nicht im Dunkeln bleibt.

Es fällt mir schwer, in dieser Stunde etwas zu sagen. Noch ist es unfassbar, was uns jetzt alle betroffen hat. Fast neun Wochen haben wir zwischen Hoffen und Bangen zugebracht – zwischen dem Hoffen, dass das Schlimmste nicht eintritt, dass es möglicherweise einen neuen, wenn auch schweren Anfang gibt, und dem Bangen, dass mit einem Male alles aus ist. Unser Bangen hat sich auf schreckliche Weise erfüllt. Was wir nicht erhofft haben, ist eingetreten.

Da wird ein Mensch, der erst dreißig Jahre alt ist, der seine beiden Kinder über alles liebt, der im Beruf erfolgreich ist, der voller Ideen und Pläne steckt, die er alle verwirklichen möchte, plötzlich aus all dem auf schreckliche Weise herausgerissen.

Auf tragische Weise, so können wir sagen, weil wir die Notwendigkeit eines solchen Endes nicht einzusehen vermögen, weil wir uns ausmalen, welche winzige Kleinigkeit genügt hätte, diesen Unglücksfall zu verhindern. Dieser Tod erscheint uns unsinnig, und jeder spürt, wie alle Worte des Erklären- und Verstehen-Wollens versagen.

Sie, die Sie als Angehörige ganz unmittelbar von diesem Tod betroffen sind, fragen sich wohl selbst immer wieder: Wie hat es dazu kommen können? Warum musste dieses Geschick gerade uns oder gerade mich treffen? Was habe ich getan? Womit habe ich das verdient?

Aber dieses Fragen findet keine Antwort. Das bohrende Nachgrübeln und das bittere Anklagen und Sich-selbst-Anklagen – all das tröstet nicht, sondern lässt uns nur noch tiefer in die Verzweiflung stürzen.

Aber die Verzweiflung könnte uns auch zur Besinnung rufen. Gerade ein solcher aus unserer Sicht sinnloser Tod stellt uns mehr als das Sterben eines alten lebenssatten Menschen vor die Frage, was uns in unserem Leben bestimmt und ausfüllt.

Bauen wir unsere Zukunft auf Sand oder hat unser Leben ein festes Fundament, das selbst der Tod nicht zerstören kann? Tappen wir hilflos in der Finsternis umher oder gibt es ein Licht, das uns aus der Finsternis herausführen kann? Jeder von uns kennt seine eigene Finsternis. Das sind die Abgründe des Herzens, die verborgenen Winkel, in denen die eigenen Unzulänglichkeiten und die Angst vor dem Tode lauern. Wer kann die Finsternis unseres Herzens ausleuchten, so dass wir die Abgründe sehen und den sicheren Steg über die Abgründe finden? Wer kann uns über den Abgrund des Todes hinüberhelfen?

Jesus Christus sagt von sich selbst, dass er dieser Steg ist, auf dem wir sicher über den Abgrund gelangen können. Er sagt von sich, dass er das Licht ist, ohne das wir vom rechten Weg abirren und ohne das wir nur mit Furcht und Zittern auf unser Ziel zugehen können.

Das sagt er nicht nur von sich selbst, sondern dafür ist er auch mit seinem Leben eingetreten und am Kreuz gestorben. Ja selbst seinen größten Feind, den Tod, hat er durch seine Auferstehung besiegt, so dass auch wir die Hoffnung haben dürfen, nicht dem Tode hilflos ausgeliefert zu sein und im Tode zu bleiben. Jesus Christus hat uns eine Hoffnung geschenkt über Tod und Grab hinaus, die Hoffnung, dass der Tod nicht das letzte Wort behält, sondern dass wir das ewige Leben ererben.

Dieser Glaube wischt nicht mit einem Schlag all unsere Trauer über den Verlust hinweg, den wir hier zu beklagen haben, aber er kann uns gewiss machen, dass auch der Tod dieses Menschen in Gottes unerforschlichem Ratschluss liegt.

In diesem Glauben möge uns Gott für die Stunde bereit machen, die er uns bestimmt hat, und uns helfen, dass wir bei ihm Zuflucht finden.

2. Beerdigung

Joh 10,11.27f.

Der endgültige Abschied von einem Menschen tut weh, sehr weh. Uns fehlen dann oft die Worte, um den Schmerz und die Trauer auszusprechen. Wir können meist nur noch die Hände ringen und unseren Tränen freien Lauf lassen.

Der Abschied von einem Menschen tut weh. Denn er ist das Ende einer Geschichte, an welcher wir alle mehr oder weniger beteiligt waren. Wenn einer stirbt, dann verlässt er seinen Platz in der gemeinsamen Geschichte. Je näher wir ihm waren, desto stärker spüren wir die Lücke. Diese Erfahrung ist unvermeidlich. Sie trifft uns alle, früher oder später. Es sind bittere Erfahrungen. Trotzdem meine ich, dass wir bei solchen Erfahrungen nicht stehenbleiben dürfen und Ausschau halten müssen nach dem, was dieser Bitterkeit entgegenwirkt und uns allen zu einem neuen Leben hilft.

Ich denke dabei zunächst an euch, die der Verstorbenen ganz nahe standen und die mit ihr besonders vertraut waren. Ihr habt es besonders schwer. Aber ihr habt auch die Möglichkeit der dankbaren Erinnerung. Es wird gut sein, wenn ihr nicht nur Tag für Tag an den Verlust denkt, sondern an das, was gut und schön war.

(Verlesung des Lebenslaufes)

Es wird hilfreich sein, wenn ihr dieses Gute und Schöne zu bewahren und an eure Kinder weiterzugeben sucht. Es gibt da eine ganze Menge. Ihr werdet es besser wissen als ich. Es ist ja nicht selbstverständlich, wenn Menschen einander etwas zu verdanken haben und sagen können: „Sie hat mir geholfen, wo sie nur konnte. Ich konnte mit ihr über alles reden. Sie war immer für mich da.“ Dass ihr als die nächsten Angehörigen die Verstorbene so gekannt habt, das solltet ihr in Dankbarkeit festzuhalten versuchen.

Aber auch diejenigen, die der Verstorbenen nicht so nahestanden, bei denen die Linien der gemeinsamen Geschichte auseinandergelaufen sind, haben in dieser Stunde etwas zu bewältigen:

1. Einmal sicher die Tatsache, dass der Tod eines Menschen uns daran erinnert, dass wir selbst einmal sterben müssen und dass diese Gewissheit eine schwer zu beantwortende Frage an unser Leben stellt, nämlich woher wir kommen und wohin wir gehen.

2. Aber es gibt noch etwas anderes zu bewältigen. Wenn die Linien in unserer gemeinsamen Geschichte auseinanderlaufen, hat das ja Gründe. Es gibt die äußeren, etwa die räumliche Entfernung voneinander. Man verliert sich aus den Augen. Und es gibt die inneren: andere Urteile über Entscheidungen an wichtigen Stellen im Leben, Nichtverstehen der Beweggründe des anderen, Streit und böse Worte, gegenseitiges Versagen und Schuld. Dies letztere ist oft auch bei denen ein Problem, die sich ganz nahestehen. Es gehört zum Menschsein hinzu. Am Sarge eines Menschen erfährt man dann besonders hart, dass man Geschehenes nicht ungeschehen machen kann.

Was uns in dieser Stunde bewegt, sind Dankbarkeit, aber vielleicht noch stärker Trauer, Schmerz, Angst und Schuld. Wie werden wir damit fertig? Ich habe am Anfang den 23. Psalm vorgelesen: Der Herr ist mein Hirte. Ich möchte dieses Bild noch einmal von einer anderen Stelle des Neuen Testamentes her aufgreifen. Im 10. Kap. des Johannes-Evangeliums lese ich: „Jesus Christus spricht: Ich bin der gute Hirte. Der gute Hirte lässt sein Leben für die Schafe. Meine Schafe hören meine Stimme, und ich kenne sie, und sie folgen mir, und ich gebe ihnen das ewige Leben, und sie werden nimmermehr umkommen, und niemand wird sie aus meiner Hand reißen."

Die Wahrheit, die im Bild vom guten Hirten verborgen ist, heißt ewiges Leben. Das ist sicher nicht nur etwas Jenseitiges, jenseits unserer Welt und unserer Zeit. Das Bild vom guten Hirten, der für die Seinen sorgt, der sie kennt und mit ihnen vertraut ist, sagt: Ewiges Leben ist geborgenes Leben. Mitten im Leiden, trotz Versagen und Schuld, mitten in unseren Fragen und unserer Trauer gibt es Geborgenheit und Halt. Im Glauben an Jesus Christus wächst uns die Gewissheit zu: Gott liebt uns, er nimmt uns an mit allem, was bei uns unklar, verworren und schwierig ist. Diese Liebe schafft bei uns Vertrauen und die Bereitschaft, weiter zu leben und unsere Aufgabe zu erfüllen. Diese Liebe erhält uns die Dankbarkeit, und sie nimmt uns die Furcht.
Ich wünsche uns allen, dass das Bild vom guten Hirten uns begleitet in der kommenden Zeit, dass wir glauben können, was es uns sagen will. Wenn wir das können, werden wir merken: Gottes Liebe reicht über das Grab hinaus. Diese Zusage gilt uns, und sie gilt auch der Verstorbenen, von der wir heute Abschied nehmen müssen.

---

3. Beerdigung

Joh 14,1

Abschiednehmen von einem lieben Menschen, und sei es nur für Tage, tut schon weh. Wie viel mehr gilt das für ein endgültiges Abschiednehmen, für ein Nimmerwiedersehen. Es schmerzt deshalb so sehr, weil es das Ende einer Geschichte ist, in der der Verstorbene eine wichtige Rolle eingenommen hat und woran wir alle in irgendeiner Weise mehr oder weniger Anteil hatten. Wenn einer stirbt, verlässt er seinen Platz in einer gemeinsamen Geschichte und hinterlässt eine Lücke. So ist das im Le-

ben. Diese Erfahrung ist unvermeidlich. Wir können vor ihr nicht fliehen, auch wenn wir es gerne möchten. Fliehen, weil diese Erfahrung wehtut, weil sie die Hinterbliebenen in Verzweiflung zurücklässt.
Und doch muss es letztlich nicht so sein. Gerade die, die dem Verstorbenen am nächsten standen, haben die Möglichkeit der dankbaren Erinnerung. Dass das geschieht, ist meine Hoffnung.
(Verlesung des Lebenslaufes)
Schmerz und Bitterkeit können gelindert werden durch dankbare Erinnerung. Letztlich vielleicht aber doch nicht, weil der Schmerz tiefere Ursachen hat. Er rührt wohl daher, dass wir bei dem Tod eines Menschen immer zugleich an unser eigenes Ende denken. Wann wird das sein? Wie wird das sein? Und ist mit dem Tod alles aus?
Diese Fragen erschrecken uns. Sie betreffen nicht nur den Verstorbenen, sie betreffen uns selbst, gleich ob wir noch jünger oder schon älter sind.
Lassen wir uns in dieser Stunde ansprechen von den Worten Christi aus dem Johannes-Evangelium: „Euer Herz erschrecke nicht!"
Das wäre vielleicht nur gutes Zureden, wenn Jesus nicht zugleich den Grund für seinen Zuspruch nennen würde: „Glaubt an Gott und glaubt an mich."
Damit sind nicht irgendwelche Glaubenssätze gemeint. Auch nicht der Glaube daran, dass es Gott gibt oder Jesus gibt. Das letztere wäre ja sinnlos, denn Jesus steht ja vor seinen Jüngern, als er das sagt. Nein, mit Glauben kann nur dieses Urvertrauen gemeint sein, aus dem wir von Kindheit an leben, das vielleicht verschüttet und nicht recht entfaltet ist, die Gewissheit, dass wir getragen und umfangen und durchdrungen sind. Gott als der letzte Ursprung und die bewegende Kraft in unserem Leben. Jesus hat mehr als irgendein anderer Mensch aus dieser Ge-

wissheit gelebt. Er will dieses Vertrauen in uns wecken, begründen und stärken.

Und er fügt noch eine Begründung hinzu: „In meines Vaters Haus sind viele Wohnungen.“ Es gibt also keinen Grund, jemanden von Gottes Haus auszuschließen. Unser Erschrecken kommt ja daher, dass wir meinen, nicht würdig, nicht vorbereitet in Gottes Ewigkeit einzugehen. Keine Angst! Jesus will sagen: Gott hat Raum für alle. Wir haben nicht den Auftrag, andere zu richten oder ihre Aussichten für die Ewigkeit zu beurteilen. Wir brauchen uns auch nicht selbst zu quälen. Wenn wir Gott nur vertrauen, dass er Raum für alle hat.

Gott will, dass allen geholfen werde und sie zur Erkenntnis der Wahrheit kommen und zum Anschauen der ewigen Herrlichkeit. Dazu hat Jesus den Weg bereitet, ja er selbst ist der Weg. Gott hat sich zu diesem Gekreuzigten bekannt. Jesus hat den Tod überwunden, er lebt. Das ist die Quelle unserer Zuversicht, unserer Hoffnung auf Verwandlung dieses unzulänglichen Lebens.

Lasst uns darauf vertrauen. Wer im Vertrauen darauf sein eigenes Leben und die Ängste loslässt, gewinnt schon jetzt das ewige Leben, das ihm auch in der letzten schweren Stunde nicht entrissen werden soll.

Jesus lebt, mit ihm auch ich.
Tod, wo sind nun deine Schrecken?
Er, er lebt und wird auch mich
Von den Toten auferwecken.
Er verklärt mich in sein Licht.
Dies ist meine Zuversicht.

4. Beerdigung

Jes 43,1

Wir wollen den Tod von (Name) vor Gott anhand von drei Fragen bedenken:

1. Wie ist ihr Leben verlaufen?
2. Was war sie für ein Mensch?
3. Was bedeutet uns ihr Tod?

1. (Lebenslauf)

2. Das meiste von dem, was ich bisher gesagt habe, sind nackte Tatsachen – im Familienbuch, in Verträgen und Urkunden nachlesbar. Nicht erfasst ist dadurch das innere Wesen. Was war sie für ein Mensch? (Würdigung)

3. Zum letzten: Was bedeutet uns ihr Tod?
Der entscheidende Punkt am Ende ihres Lebens war wohl der Tod ihres Sohnes, an dessen Sterbebett sie stand und wo sie Worte des Arztes hörte: „In diesem Moment verabschiedet er sich von der Erde." Von da an war sie anders und hat wiederholt den Wunsch geäußert: „Ich will heim zu meinem Sohn und meiner Mutter."
In gewisser Weise hat sich dieser Wunsch erfüllt, wie schon M. Claudius in seinem Abendlied sang: „Wollst endlich sonder Grämen aus dieser Welt uns nehmen durch einen sanften Tod."
Ob wir auch so sterben können?

Wir wissen es nicht, und deshalb haben wir bei jedem Tod in unmittelbarer Nähe ein ungutes Gefühl, sagen wir ruhig Angst: Der Tod rückt uns näher. Die Älteren fragen sich: Wie lange noch? Bin ich der nächste?

Ich kann euch und mir diese Angst nicht nehmen, aber ich will auf einen Satz des Propheten Jeremia hinweisen, den die Verstorbene viele Male in ihrer Kirche gehört hat: „Fürchte dich nicht, denn ich habe dich erlöst, ich habe dich bei deinem Namen gerufen, du bist mein."

In diesem Satz hören wir eine Aufforderung, dann folgt die Begründung. Ohne die Begründung wäre die Aufforderung wirkungslos. Ich habe dich erlöst: Wir brauchen dabei nicht an den Tod Jesu zu denken, dessen Tod alle Menschen erlöst. Nein, ich meine den Tod eines jeden Menschen. Der Tod löst uns, befreit uns von den Fesseln, die uns sonst so wichtig erscheinen: Unser Beruf, manchmal auch das Geld, dem wir hinterherjagen, obwohl wir genau wissen, dass das Totenhemd keine Taschen hat, und schließlich die Sucht, Recht haben zu wollen, auch wenn darüber Familienbande zerbrechen.

Der Tod eines Menschen, dem wir nahestanden, befreit uns davon, erlöst uns, weil wir jetzt anfangen, über wichtigere Dinge nachzudenken, über uns selbst und unser eigenes Ende.

Und dann folgt die zweite Begründung, die man erst versteht, wenn man sich von der Selbstsucht löst. Nicht wir verschaffen uns einen Namen, nein, wir haben einen Namen bekommen, bei der Taufe. Dieser Name zeigt uns, dass Gott uns als einmalige unverwechselbare Menschen sieht. Wir gehen nicht unter im Meer der Namenlosen. Auch wenn wir manchmal den Eindruck haben, dass die Lücke, die wir hinterlassen, uns vollkommen ausfüllt, so dürfen wir gewiss sein: Wenn wir hier auf Erden in die Namenlosigkeit versinken, Gott kennt uns beim Namen. „Fürchte dich nicht, denn ich habe dich erlöst, ich habe dich bei deinem Namen gerufen, du bist mein."

5.Todesanzeigen

Aufgabe für eine schriftliche Abiturprüfung im Fach „Evangelische Religionslehre“:

Todesanzeigen verlangen indirekt die Lösung dreier schwieriger Probleme:

- eine Aussage über den Menschen, dessen Leben zu Ende gegangen ist.
- einen sprachlichen Ausdruck für die Tatsache seines Todes.
- eine Auseinandersetzung mit dem Tod, den Versuch einer Deutung. In diesem dritten Punkt findet das eigene Verhältnis zum Tod seinen sprachlichen Ausdruck, besonders in den gereimten Versen am Anfang.

Stellen Sie dar, wie diese drei Probleme in den vorliegenden 12 Todesanzeigen gelöst werden, und nehmen Sie Stellung zu ihrem Ergebnis, das die Einstellung der heutigen Gesellschaft zum Tode widerspiegelt!

Text 1

Du warst so jung und starbst zu früh,
wer dich gekannt, vergisst dich nie.

Ein tragisches Geschick entriss uns plötzlich
unseren lieben, hoffnungsvollen Sohn,
Bruder, Verlobten, Enkel, Neffen und Vetter

Karl-Heinz B.
im 20. Lebensjahre.

Im Namen aller Angehörigen
Heinrich B. und Frau Erika

Text 2

Die Scheidestunde schlug zu früh,
doch Gott der Herr bestimmte sie.
Ein treues Mutterherz hat aufgehört
zu schlagen.

Heute Morgen entschlief sanft nach langer,
schwerer Krankheit plötzlich und unerwartet
meine innigstgeliebte Frau, unsere herzensgute
Mutter, unsere liebe Tochter, Schwiegertochter,
Schwester, Schwägerin und Tante

Magret M. geb. B.
im blühenden Alter von 31 Jahren.

In unsagbarem Schmerz
Friedrich M.
Bernd, Heidrun und Sabine
Hermann B. und Frau als Eltern
Helmut B. und Frau
und alle, die sie lieb und gern hatten

Text 3

Ein treues Mutterherz
hat aufgehört zu schlagen.

* 10. November 1898 + 7. Dezember 1969

Gott der Herr nahm heute nach langer, mit großer Geduld ertragener Krankheit unsere liebe Mutter, Schwiegermutter, Großmutter, Urgroßmutter, Schwägerin und Tante

Wilhelmine S.
geb. Kramer

fünf Wochen nach dem Tod ihres Mannes zu sich in die Ewigkeit.

In stiller Trauer
Heinrich-Werner W.
und Frau Lieselotte geb. S.
Werner W.
und Frau Anneliese geb. S.

Text 4

Müh und Arbeit war dein Leben,
Ruhe hat dir Gott gegeben.

Gott der Herr erlöste heute nach schwerem
Leiden meinen herzensguten Mann, unseren
lieben Vater, Schwiegervater, Schwiegersohn,
Bruder, Schwager, Urgroßvater und Onkel

Otto W.
T.-Fernmelde-Obersekretär i. R.
im Alter von 71 Jahren.

In stiller Trauer
Hedwig W. geb. S.
nebst Kindern und Anverwandten

Text 5

Müh und Arbeit war dein Leben,
Ruhe hat dir Gott gegeben.

Nach langer, geduldig ertragener Krankheit
hat Gott der Herr meinen lieben Mann,
unseren lieben Vater, Großvater und
Urgroßvater, unseren lieben Bruder,
Schwager und Onkel

Heinrich H.
Postschaffner i. R.
im 78. Lebensjahre zu sich gerufen.

In stiller Trauer

Anna H. geb. H.

und Angehörige

Text 6

Ausgelitten hab ich nun,
bin am frohen Ziele,
von den Schmerzen auszuruhn,
die ich nicht mehr fühle.

Heute entschlief nach langem, schwerem Leiden unser lieber Vater, Schwiegervater, Großvater, Bruder, Schwager und Onkel

Johann W.

im 86. Lebensjahre.

In stiller Trauer

Wilhelm S. und Frau geb. W.

Johann R. und Frau geb. W.

Anna, Johann und Erika

Text 7

Fern der Heimat musst ich sterben,
die ich ach so sehr geliebt,

doch ich bin dorthin gekommen,

wo es keinen Schmerz mehr gibt.

Heute entschlief sanft nach längerem,

mit Geduld ertragenem Leiden unsere

liebe Schwester, Schwägerin und Tante

Erna R.

im Alter von 81 Jahren.

In stiller Trauer

im Namen aller Angehörigen

Helene R.

Text 8

Ps 90,12

Es hat Gott gefallen, heute durch einen

tragischen Unglücksfall unsere liebe

Tante

Frau Anna R.

im Alter von 81 Jahren abzurufen.

In stiller Trauer

Hedwig S.

und Anverwandte

<u>Text 9</u>

Weinet nicht an meinem Grabe,
gönnet mir die ew'ge Ruh',
denkt, was ich gelitten habe,
eh' ich schloss die Augen zu.

Plötzlich und unerwartet verschied nach schwerer Krankheit meine liebe, herzensgute Frau, unsere gute Mutter, Schwiegermutter und unsere liebe Oma

Phillipine F.
geb. Niebergall
im 56. Lebensjahre.

In stiller Trauer

Adolf F.

Paul D. und Frau geb. F.

Karl Heinz S. und Frau geb. F.

Jürgen B. und Frau geb. F.

und Enkel Jürgen, Petra und Reiner

Text 10

Wenn wir dir auch die Ruhe gönnen,
ist doch voll Trauer unser Herz.
Dich leiden sehen und nicht helfen können
war unser größter Schmerz.

Nach längerer Krankheit entschlief plötzlich
und unerwartet mein lieber Mann, unser gute
Vater, Schwiegervater, Großvater, Bruder,
Schwager und Onkel

Arthur E.
im 62. Lebensjahre.

In stiller Trauer
Auguste E. geb. T.
Herbert von F.
und Frau Erna geb. E.
Georg E. und Frau geb. H.
Karl-Heinz O.
und Frau geb. E.
Rolf B. und Frau geb. T.
Ludwig M. und Frau geb. B.
Bruno B.
Georg E. und Frau geb. S.
und Enkelkinder

Text 11

Du hast gesorgt, du hast geschafft,
gar manchmal über deine Kraft.
Nun ruhe sanft, du gutes Herz,
die Zeit wird lindern deinen Schmerz.

Plötzlich und unerwartet, für uns alle
unfassbar, verstarb heute meine liebe Frau,
unsere herzensgute Mutter, Schwiegermutter,
Oma, Schwester, Schwägerin und Tante

Katharina von E.
geb. D.
im 62. Lebensjahre.
In stiller Trauer
Otto von E.
Hans von E. und Frau geb. D.
Erwin L. und Frau geb. von E.
Richard R und Frau geb. von E.
Inge von E. und Verlobter
und Enkelkinder

Text 12

Ausgelitten hab' ich nun,
bin am frohen Ziele,
von den Schmerzen auszuruhn,

die ich nicht mehr fühle.

Heute Morgen, 4.30 Uhr, entschlief nach
langem, schwerem Leiden mein lieber
Mann, unser guter Vater, Schwiegervater,
Großvater, Schwager und Onkel

Hermann H.
im Alter von 63 Jahren.

In stiller Trauer
Wwe. Sophie H geb. R.
Erich W. und Frau Ilse geb. H.
Helmut H. und Frau Helga geb. B.
Heinz H. und Frau Ursula geb. O.
Dieter T. und Frau Inge geb. H.
und Großkinder

I. Beschreibung der erwarteten Leistung

A. Darstellung:

1. Die Angehörigen schaffen es nicht, zusammenfassend zu erkennen, wie der Mensch war, der ihnen gestorben ist. Es tauchen vorwiegend Selbstverständlichkeiten (Verwandtschaftsgrade) auf. Das Leben eines Menschen schrumpft auf die letzte Krankheit zusammen.
2. Die Begriffe „gestorben“ und „tot“ werden vermieden. Viele sprachliche Wendungen verraten die Absicht, die harte Tatsache des Todes zu mildern oder zu beschönigen.

3. In den Versen finden sich Werturteile über den Toten, Ausbrüche der Klage oder der Resignation, Versuche des Tröstens oder Bekenntnisse der Hoffnung. Trotz des ernsten Anliegens geraten die Verse oft in den Bereich des Lächerlichen. An die Stelle einer hilfreichen Aussage tritt Sentimentalität. Darin spiegelt sich die Hilflosigkeit gegenüber dem Tod.

B. Stellungnahme:

Die Einstellung der Gesellschaft zum Tod kann an weiteren Beispielen belegt oder entweder aus einer engagiert christlichen Sicht oder aus einer „Metaphysik des Atheismus" kritisch betrachtet werden.

II. Bewertungskriterien

Die Bewertung ergibt sich grundsätzlich daraus, inwieweit der Schüler den in § 12 (3) der Abitur-Ordnung genannten Anforderungen gerecht wird.

Die Bewertung der beiden Teile „Darstellung" und „Stellungnahme" soll auf der doppelten Basis der inhaltlich-gedanklichen Leistung und der methodisch sprachlichen Leistung im Verhältnis 2:1 erfolgen.

Für beide Teile werden bis zu 15 Rohpunkte vergeben, die am Schluss im Verhältnis 70% „Darstellung" und zu 30 % „Stellungnahme" auf die Gesamtleistung umgerechnet werden.

Verstöße im Sinne des § 16 (3) der Abitur-Ordnung können zu einem Abzug von 1-2 Punkten vom errechneten Endergebnis führen.

Beispiel für ein Gutachten

Verf. beschreibt am Anfang die Betroffenheit der Gesellschaft durch den Tod und führt die biologische und die theologische Sicht des Todes an (S. 1-3).

Die Bearbeitung der Aufgabe 1 auf den Seiten 4-6 ist misslungen. Verf. versucht die Einstellung der Verstorbenen zum Leben zu ermitteln, getrennt nach einzelnen Altersgruppen, kommt aber zu keinem überzeugenden Ergebnis, da eine solche Einstellung aus Todesanzeigen natürlich nicht erschlossen werden kann. Die Bemerkung der Verf. auf dem Aufgabenblatt („wie der Gestorbene zum Tod steht“) zeigt, dass sie die Aufgabe nicht verstanden hat.

Aufgabe 2 ist gut gelöst, z. T. werden Aussagen nachgeholt (S. 7unten / S. 8oben), die zu Aufgabe 1 gehören.

In Aufgabe 3 vermisst man eine kritische Beurteilung der Verse. Verf. durchschaut nicht den pseudochristlichen Kitsch gereimter Sentimentalitäten. (Teil I: 6 P. zu 70 % = 4,2 P)

Die Stellungnahme ist zwar kurz, zeigt aber, dass Verf. eine christliche Aussage der Verdrängung der Todesproblematik in der heutigen Gesellschaft entgegenstellen möchte. Einige Passagen der Einleitung müsste man der Stellungnahme zurechnen. (Teil II: 10 P. zu 30 % = 3,0 P.)

Verf. hat selbst den Eindruck (vgl. „Erläuterung“), nicht ganz zurechtgekommen zu sein. Es bereitet ihr offensichtlich Schwierigkeiten, Texte unter bestimmten Fragestellungen auszuwerten (Unausgewogenheit der Teile, fehlender Zusammenhang, mangelnde Technik im Zitieren). Hinzu kommen etliche Schwächen im Ausdruck, die allerdings das Verständnis insgesamt nicht beeinträchtigen.

Die Gesamtnote beträgt 7 P.

IV. Wechselfälle des Lebens

1. Angst

Röm 3,19-28

19 Wir wissen aber: was das Gesetz sagt, das sagt es denen, die unter dem Gesetz sind, damit allen der Mund gestopft werde und alle Welt vor Gott schuldig sei,
20 weil kein Mensch durch die Werke des Gesetzes vor ihm gerecht sein kann. Denn durch das Gesetz kommt Erkenntnis der Sünde.
21 Nun aber ist ohne Zutun des Gesetzes die Gerechtigkeit, die vor Gott gilt, offenbart, bezeugt durch das Gesetz und die Propheten.
22 Ich rede aber von der Gerechtigkeit vor Gott, die da kommt durch den Glauben an Jesus Christus zu allen, die glauben. Denn es ist hier kein Unterschied:
23 sie sind allesamt Sünder und ermangeln des Ruhmes, den sie bei Gott haben sollten,
24 und werden ohne Verdienst gerecht aus seiner Gnade durch die Erlösung, die durch Christus Jesus geschehen ist.
25 Den hat Gott für den Glauben hingestellt als Sühne in seinem Blut zum Erweis seiner Gerechtigkeit, indem er die Sünden vergibt, die früher
26 begangen wurden in der Zeit seiner Geduld, um nun in dieser Zeit seine Gerechtigkeit zu erweisen, dass er selbst gerecht ist und gerecht macht den, der da ist aus dem Glauben an Jesus.
27 Wo bleibt nun das Rühmen? Es ist ausgeschlossen. Durch welches Gesetz? Durch das Gesetz der Werke? Nein, sondern durch das Gesetz des Glaubens.
28 So halten wir nun dafür, dass der Mensch gerecht wird ohne des Gesetzes Werke, allein durch den Glauben.

1950 erschien in Deutschland der Roman des Engländers George Orwell mit dem Titel „1984“, aus damaliger Sicht ein Zukunftsroman. Dargestellt wird darin das Leben in dem riesigen Staat Eurasien mit der Hauptstadt London. In dem Staat herrscht eine kleine Führungsschicht, ihr zur Seite

Millionen von Spitzeln und Helfershelfern, alle dem „Großen Bruder" untertan, der von allen Plakaten seine Augen auf die Menschen richtet. Man entkommt ihm nicht. Überall gibt es TV-Kameras, Abhörgeräte, Überwachung bis in den geheimsten Bereich hinein. Widerstand ist zwecklos, die Gedankenpolizei entlarvt jeden.

Trotz mancher Übertreibungen in dem Roman werden wir das Gefühl nicht los, dass es auch bei uns in der Gegenwart lange nach 1984 auch so ist. Wir fühlen uns beobachtet und überwacht, kontrolliert und beurteilt. Bin ich so, wie ich sein soll; wie ich will, dass die andern mich sehen? Werde ich den Ansprüchen gerecht? Richte ich mich nach der Ordnung? Erfülle ich die Erwartungen? So lauten die Fragen, die das unsichtbare Auge in uns weckt.

Das alles (Druck, Angst, das Gefühl, beurteilt zu werden) war auch Luther nicht fremd. Mit unmenschlichen Anstrengungen versuchte er den Druck zu beseitigen. Sein Ziel war es, vor Gott bestehen zu können, fromm zu sein, jeder Prüfung standzuhalten. Er erforschte alle Vorschriften. Er wollte sie erfüllen unter Einsatz von Körper, Geist und Willen. Aber es war aussichtslos. Die Angst wurde immer größer.

Und das lag am Gesetz. Das Gesetz bringt uns zur Selbstrechtfertigung. Wir benutzen die 10 Gebote nicht so, dass wir schlicht das Gebotene tun, sondern wir wollen daran unsere Leistung messen. Wir wollen uns in einer beständigen Spiegelschau vor Augen führen, was wir wert sind.

Die Selbstrechtfertigung ist eine Art Angeberei im Geistlichen: Ich bin wer, ich tauge was, ich leiste was.

Das Gesetz lässt uns die Sünde erkennen. Sie liegt einmal in der Gesetzesübertretung, aber darüber hinaus in der Erfüllung des Gesetzes. Das ist unser Protest gegen Gott und seine Wohltaten. Wir haben uns die Gnade und Liebe Gottes verdient, eigentlich brauchen wir Gott gar nicht.

Wir haben uns angestrengt, das ist die eigentliche Sünde. Wir schaffen es mit dem Gesetz nicht, vor Gott angenehm zu werden.

Dieser Einschätzung ist Luther nicht ausgewichen, auch wenn wir mit beliebten Ausreden dagegenhalten: Unsere Angst um das Seelenheil ist übertrieben. Gott ist nicht so schrecklich und wird mit sich reden lassen. Außerdem kommen wir ja nicht mit leeren Händen. Man tut doch, was man kann.

Luther sagt: Nein!

„Ist je ein Mönch in den Himmel gekommen durch Möncherei, so wollte auch ich hineingekommen sein. Das müssen mir bezeugen alle Klostergesellen, die mich je gekannt haben. Denn ich hätte mich, wo es länger gewährt hätte, noch zu Tode gemartert mit Wachen, Beten, Lesen und anderer Arbeit."

Es geht nicht. Gott will nicht die Beachtung von ein paar Vorschriften. Gott verlangt das Ganze. Ihn interessieren nicht unsere sonstigen menschlichen Qualitäten, sondern er zieht uns zur Verantwortung, wo wir schuldig sind.

Es gibt keine milderen Umstände. Sind wir dann verloren?

Kann Gott nicht vergeben? Doch, er kann vergeben, aber er kann nur vergeben. Er kann nicht verharmlosen, durch die Finger sehen, seine Überzeugung ändern. Gott kann vergeben, aber er vergibt nicht um jeden Preis.

Der Physiker und Nobelpreisträger Max Planck hatte nie aus seiner Abneigung gegen Hitler einen Hehl gemacht. Am 20. Juli 1944 wurde sein Sohn Erwin verhaftet. Man beschwor Planck: Schreiben Sie eine Ergebenheitsadresse an Hitler, dann wird Ihr Sohn gerettet. Planck konnte aber seine Überzeugung nicht verleugnen, konnte Hitlers Verbrechen nicht billigen, auch nicht für das Leben seines Sohnes.

Diese Haltung wirft ein schwaches Licht auf die Vergebung Gottes. Er möchte uns Menschen retten, aber es darf nicht so aussehen, als nähme er unsere Schuld nicht so ernst. Er will uns von der Angst befreien, aber nicht die Sünde billigen. Er will uns Leben schenken, aber nicht unsere Anmaßung bestätigen.
Vergebung bei Gott kann nur sein, wenn beides da ist: Die Annahme des Menschen und die Verwerfung der Sünde. Beides geht bei Menschen nicht. Gott kann beides: Das Urteil vollstrecken und uns retten.
Das Sterben am Kreuz bedeutet Angst und Schmerzen, Sterben durch Blutverlust und Herzversagen. Sterben am Kreuz bedeutet Gottes Zorn, der sich vom Menschen abkehrt und das Böse verurteilt. Dieser Mensch ist Jesus Christus. Jesus hat sich als Träger des Bösen zur Verfügung gestellt. Das Böse braucht einen Träger, wenn man es vernichten will.
Die üblichen, normalen, gewöhnlichen Träger sind wir. Der „außergewöhnliche, freiwillige, stellvertretende Träger“ ist Jesus. An ihm vollzieht sich, was uns gilt.
„Eigentlich müsste ich da hängen.“ Wer das sagt, hat von Gottes Gerechtigkeit etwas begriffen. Diese Gerechtigkeit kann beides vereinen: den Sünder verurteilen und ihn zugleich retten.

---

2. Beten

Kol 4,2-6

2 Seid beharrlich im Gebet und wacht in ihm mit Danksagung!
3 Betet zugleich auch für uns, dass Gott uns eine Tür für das Wort auftue und wir das Geheimnis Christi sagen können, um dessentwillen ich auch in Fesseln bin,
4 damit ich es offenbar mache, wie ich es sagen muss.

5 Verhaltet euch weise gegenüber denen, die draußen sind, und kauft die Zeit aus.
6 Eure Rede sei allezeit freundlich und mit Salz gewürzt, dass ihr wisst, wie ihr einem jeden antworten sollt.

Über Sinn und Unsinn des Betens kann man lange streiten. Aber ich bin sicher, es kommt nichts dabei heraus. Welchen Sinn hat mein Beten? Was hat der große Gott mit meinen kleinen Alltäglichkeiten zu tun? Wenn Gott allwissend ist – wozu bete ich dann? Kann ich Gott wie einen guten Freund einfach mit „du“ anreden? Werden meine Gebete erhört?
Es sind schwierige Fragen, die man nicht vom neutralen Tisch aus beantworten kann. Ob Beten sinnvoll ist oder nicht, kann nur der beantworten, der selber betet, und zwar nicht nur gelegentlich, sondern ständig, immer wieder, vielleicht ein ganzes Leben lang.
Ob das Bergsteigen sich lohnt, kann der Bewohner des Flachlandes nicht ermessen. Was hat er davon, wenn ich ihm erzähle, wie ruhig es dort oben ist, wie man sich von allem befreit fühlt, wie herrlich das Gefühl ist, sich in der Anstrengung selbst überwunden zu haben, - er kann es nicht nachempfinden, es sei denn, er bestiege selbst den Berg. Wenn nun am Sonntag Rogate, am Gebetssonntag der Kirche, über das Gebet gesprochen wird, dann kann unsere Reden nur das eine Ziel haben: Versucht es aufs Neue und weiterhin mit dem Gebet.
Der Versuch ist schwierig genug. Aber wir sind nicht alleingelassen. Der Predigttext will uns mit seinen Hinweisen zum Gebet helfen.

1. Haltet an am Gebet!

Die Mahnung „Haltet fest!“ kommt im Neuen Testament fast nur im Zusammenhang mit dem Beten vor. Diese Haltung haben die Jünger und Apostel von Jesus gelernt, der viele Stunden, ja ganze Nächte im Gebet zugebracht hat. Er tat es, weil er ganz Mensch war. Wäre er der turmhoch überlegene Gottessohn gewesen, hätte er das anhaltende Beten nicht nötig gehabt. Wir Menschen haben das Beten nötig. Deshalb ermahnt uns der Apostel.

Der Grund seiner Mahnung ist aber auch, dass wir über dem Beten müde werden. Beten ist kein Vergnügen, es ist eine schwere Arbeit. Wir wissen oft nicht, was wir beten sollen, wie wir beten sollen, ob wir überhaupt beten sollen. Obwohl es um gewichtige Fragen geht, um Leben und Tod, werden wir müde im Beten wie die Jünger im Garten Gethsemane. Haltet an am Gebet! Gerade dann, wenn es uns sinnlos vorkommt, wenn wir gar nichts mehr tun, sehen und hören wollen.

Das hört sich so an, als sollte nun neben allem Stress auch noch ein religiöser Leistungsdruck auf unser Leben ausgeübt werden. Soll nun auch noch das Beten auf den Berg der unerledigten Aufgaben kommen?

Jesus hat seinen Jüngern keine schweren Vorwürfe gemacht, als sie im Garten Gethsemane versagt haben. Sie blieben weiter seine Jünger. Auch unser Versagen im Gebet kann uns nicht von Gottes Liebe scheiden. Deshalb ist das, was der Apostel sagt, auch kein Gesetz, sondern eine Hilfe: Haltet an am Gebet!

2. Wachet im Gebet mit Danksagung!

Eine weitere Versuchung für jeden Beter besteht darin, dass er nur an das Ziel seiner eigenen Wünsche und Träume kommen möchte, wie jener Junge, dessen Gebet ich in einer Sammlung von Kinderbriefen an den lieben Gott fand:

„Lieber Gott, ich möchte die folgenden Sachen haben: neues Fahrrad, einen Chemiekasten Nr. 3, einen Hund, eine Filmkamera, erstklassige Handschuhe für einen Torwart. Wenn ich nicht alles kriegen kann, so möchte ich wenigstens so viel wie möglich. Viele Grüße Dein Erich. PS: Ich weiß, dass es keinen Nikolaus gibt.“

Gegen dieses Gebet steht die Mahnung des Apostels: Wachet im Gebet mit Danksagung! Es geht nicht darum, dass wir betend von Gott Gaben erlangen, sondern dass wir dankbar das oft Selbstverständliche aussprechen: „O Herr, hab Dank, dass ich Vati und Mutti habe. Und meine Geschwister und den Hund und die Fische. Hab Dank, dass die Welt so schön ist. Hab Dank für alles, lieber Gott. In Liebe. Regine." So kann ein Kind sprechen, so können wir sprechen, wenn wir nicht mehr alles selbstverständlich hinnehmen.
In Freude und in Leid haben wir so Verbindung zu ihm, dem Geber aller Gaben, auch der Gabe der Erlösung in Jesus Christus.
Freilich dürfen wir auch im Gebet bitten. Luther sagt in seinem Katechismus, dass wir getrost und mit aller Zuversicht Gott bitten sollen, wie die lieben Kinder ihren lieben Vater. Jede ungelöste Frage, jede unbewältigte Aufgabe, alle unsere Angst und Schuld dürfen wir vor Gott ausbreiten. Die Bibel ist erfüllt von der Gewissheit, dass diese Gebete erhört werden, vielleicht anders, als wir es erwarten.
In unserem Predigttext erwähnt der Apostel unter allen Bitten nur die Fürbitte. Aus dem Gefängnis schreibt er: „Betet für uns." Dieses Beten für andere hat eine ungemein befreiende Wirkung. Es macht uns von uns selber frei und öffnet uns Türen, die vielleicht lange verschlossen waren. Eine solche Fürbitte wirft nicht alle Last auf Gott, sondern übernimmt zugleich Verantwortung für Menschen und für die Welt. Fürbitte ist der leidenschaftliche Einsatz für einen Menschen oder für eine Sache. Wer fürbittend betet, muss offene Augen und Ohren haben, der muss bereit sein, etwas zu tun.

3. Der Alltag und das Gebet gehören zusammen.

Es wird immer wieder gesagt, das Gebet sei eine fromme Selbstbeschäftigung, bei der der Beter nur sich selbst und vielleicht noch Gott im Blick habe. Diese Gefahr besteht. Aber wie auch sonst im Neuen Testament wird hier der Blick des Beters auf den Alltag zurückgelenkt: „Verhaltet euch weise gegenüber denen, die draußen sind."

Was Gebet und Alltag zusammenbindet, ist das Gespräch mit anderen Menschen. Wer Gott lobt und ihm dankt, der redet anders mit seinen Mitmenschen. Jedenfalls sollte er es tun. Tut er es nicht, so ist die Rückfrage zu stellen: Stimmt dein Lob, das du Gott darbringst? Oder betrügst du damit nicht Gott und dich selbst? Wer aus der Dankbarkeit gegen Gott lebt, der kann mit seinen Mitmenschen nicht barsch, ungezogen, unhöflich oder hochmütig reden. Er wird mit ihnen auch nicht süßlich-christlich reden, sondern sachlich und menschlich. Das ist eine Behauptung, zugegeben. Aber diese Behauptung lässt sich nachprüfen. Und das sollte jeder bei sich tun: nachprüfen, ob sein Gebet sein Reden mit Menschen verändert. Vielleicht kommen wir alle auf einem neuen Weg zu der Bitte der Jünger: Herr, lehre uns beten!

Dieses Beten darf aber nicht bei sich selbst bleiben, bei frommen Gedanken über Gott und die Welt. Betendes Denken soll uns nicht zu weltfremden Schwärmern machen, die die Hände in den Schoß legen: Gott wird es schon richten!

Der Dichter Bertolt Brecht stellt in einem seiner Stücke eine Gruppe von Bauern dar, die mitansehen müssen, wie die Nachbarstadt nachts überfallen werden soll. Die Soldaten schüchtern die Bauern ein, diese ergeben sich in ihr Schicksal und fangen an zu beten: „Vater unser, hör uns, nur du kannst helfen, sonst gehen wir zugrunde, denn wir sind schwach und haben keine Waffen und trauen uns nichts zu. Wir sind in deiner Hand."

Mitten in diesem Gebet steht das stumme Mädchen Kattrin auf und trommelt die Leute in der Stadt wach. Kattrin wird zusammengeschossen, aber die Stadt ist gewarnt.

In dieser Zuspitzung wird ein jahrtausendealter Missbrauch des Gebetes offenkundig. Sich selber retten – und für andere beten. Worte zu einem Höheren anstelle der Taten für die neben uns.

Nein, denkendes Beten ist doch nur dann sinnvoll, wenn es zu praktischen Auswirkungen kommt.

„Ora et labora", „bete und arbeite" ist die Regel der Benediktinermönche. Beides ist wichtig.

„Bete, als hülfe kein Arbeiten; arbeite, als hülfe kein Beten", sagt ein deutsches Sprichwort, d. h. Gebet und Alltag gehören zusammen. Unser Verhältnis zu Gott zeigt sich in unserem Verhältnis zum Mitmenschen.

Ein besonderes Gewicht legt Paulus darauf, wie wir mit den anderen reden. „Redet immer so, dass sie gerne zuhören." Wann hört man uns gerne zu? Luther übersetzt an dieser Stelle: „Eure Rede sei allzeit lieblich und mit Salz gewürzt." Also nicht altmodisch, aber auch nicht provokatorisch verletzend, sondern freundlich und zugleich klar und scharf artikuliert; anregend, Interesse weckend und zugleich hilfreich und treffend; froh machend und zugleich der Gelegenheit angemessen. Richtige und glaubwürdige Antwort für jeden, pikant gewürzt, aber nicht wie eine versalzene Suppe, die niemand essen mag.

„Für jeden sollt ihr die rechte Antwort bereit haben."

Das ist nicht leicht. Aber das Gebet ist die richtige Schule des Denkens, des Sprechens und des Tuns.

3. Buße

Mt 4,12-17

Die schönen Tage sind nun zu Ende.

Hinter uns liegt Weihnachten, das Fest der Geburt Jesu, der Familie um den Baum herum, der Geschenke, des Friedens, der Besuche und Gegenbesuche, des Kirchgangs (wenigstens einmal im Jahr), der Hoffnungen, Wünsche und Sehnsüchte. Es ist vorbei: Die Tannenbäume kommen an die Mülltonnen.

Hinter uns liegen Sylvester und Neujahr, die Tage der Besinnung auf das, was war und was kommt, des Prosits und der Knallkörper. Nun hat uns die Arbeit wieder.

Hinter uns liegen die Ferien mit langem Ausschlafen und Zeitunglesen. Der Alltag hat uns wieder, morgen ist wieder Schulbeginn.

Genauso nüchtern klingt das Evangelium des heutigen Tages.

12 Als nun Jesus hörte, dass Johannes gefangen gesetzt worden war, zog er sich nach Galiläa zurück.

13 Und er verließ Nazareth, kam und wohnte in Kapernaum, das am See liegt im Gebiet von Sebulon und Naftali,

14 damit erfüllt würde, was gesagt ist durch den Propheten Jesaja, der da spricht (Jesaja 8,23; 9,1):

15 „Das Land Sebulon und das Land Naftali, das Land am Meer, das Land jenseits des Jordans, das heidnische Galiläa,

16 das Volk, das in Finsternis saß, hat ein großes Licht gesehen; und denen, die saßen am Ort und im Schatten des Todes, ist ein Licht aufgegangen."

17 Seit der Zeit fing Jesus an zu predigen: Tut Buße, denn das Himmelreich ist nahe herbeigekommen!

Nach dem Engelgesang und dem Glockenläuten nun: Tut Buße! Das klingt nicht angenehm, erinnert uns an Schuld und Sühne, Vergehen und Strafe.

Aber so niederschmetternd ist es nicht. Das Wort „Buße“ nimmt das auf, was wir in diesen Tagen alle denken, fühlen und wollen: Es muss sich etwas ändern. Was?

1. Ich müsste mehr Zeit haben für die Familie.
2. Ich müsste mehr Mut zeigen, auch wenn ich mir vielleicht dadurch Nachteile einhandeln könnte.
3. Ich müsste mehr Rücksicht auf meine Gesundheit nehmen, mehr Sport treiben, mit dem Rauchen aufhören.
4. Ich müsste mit der Energie und den Rohstoffvorräten sparsamer umgehen.

Jesus scheint da mit uns einer Meinung zu sein: Tut Buße, ändert euch, so kann es nicht weitergehen.

Aber ändern wir wirklich etwas? Halten die guten Vorsätze? Die Erfahrung zeigt anderes:

1. Wie schnell läuft die Ehe in gewohnten Bahnen. Ich habe keine Zeit.
2. Wie klein ist der Mut, für Überzeugungen einzutreten.
3. Es ist so schwer, sich das Rauchen abzugewöhnen. Und dann die Ausreden: Mein Opa hat auch geraucht und ist 90 Jahre alt geworden.
4. Die Zahl der Autos nimmt immer mehr zu.

Woher kommt die Erfolglosigkeit? Jesus hat Menschen geändert. Wir schaffen es nicht einmal bei uns selbst. Woran liegt das?

Vielleicht liegt es daran, wie wir unseren Wunsch nach Veränderung begründen. Meistens steckt dahinter pure Angst:

1. Ich könnte meinen Ehepartner verlieren.
2. Ich bin nur ein funktionierendes Rädchen im Getriebe.

3. Ich fürchte mich vor Lungenkrebs, Raucherbeinen, Herzinfarkt und Sterben.
4. Ich muss mich in meinen Bedürfnissen zu stark einschränken.
Jesus begründet seine Forderung nach Buße anders: Das Himmelreich ist nahe herbeigekommen. Wo ist dieses Himmelreich?
Eine alte Legende erzählt von zwei Mönchen, die nach dem Reich Gottes suchten. In einem alten Buch schienen sie die Lösung gefunden zu haben: Am Ende der Welt, dort wo Himmel und Erde sich berühren, gibt es eine Tür. Und hinter dieser Tür beginnt das Reich Gottes. Und sie beschlossen sich auf die Reise zu machen und nicht eher umzukehren, ehe sie diesen Ort gefunden hätten. Sie durchwanderten die Welt, und sie bestanden unzählige Gefahren und erlitten alle Entbehrungen, die eine Wanderung durch die Welt fordert. Sie erlebten alle Versuchungen, die einen Menschen von seinem Ziel abbringen können. Aber sie ließen sich nicht abbringen. Und schließlich fanden sie tatsächlich, was sie suchten: das Ende der Welt, die Tür, wo sich Himmel und Erde berühren. Bebenden Herzens öffneten sie die Tür. Und als sie eintraten, standen sie – zu Hause in ihrer Klosterzelle.
Das Reich Gottes ist also hier! Es ist nicht gleich hörbar und sichtbar. Aber es ist in die Welt hineingekommen. Darum feiern wir Weihnachten. Das Licht leuchtet in der Dunkelheit unseres Lebens und der Welt.
Das Licht leuchtet für uns: Also hat Gott die Welt geliebt, dass er seinen eingeborenen Sohn gab, auf dass alle, die an ihn glauben, nicht verloren werden, sondern das ewige Leben haben.
Das Licht leuchtet für die Welt: Solange die Erde besteht, sollen nicht aufhören Saat und Ernte, Frost und Hitze, Sommer und Winter, Tag und Nacht.
Weihnachten hat sich Gott zu uns in die Stube gesetzt. Da ist bei uns ein Ofen angezündet worden. Wie schön ist es, wenn das Feuer zu prasseln

und zu wärmen beginnt. Leute mit Zentralheizungen sind da ganz arm dran. Der Ofen ist etwas fürs Herz. Wenn man in einem kalten Haus aufsteht und hat dann eine gute Frau, die einem schon das Arbeitszimmer angewärmt hat – mit welcher Freude wärmt man sich dann die Hände. Da ist einem wohl, da kann man sitzen und nachdenken. In einer kalten Stube kann man das nicht.
Wir können uns auf die kalte Stube nicht mehr herausreden. Bei uns ist Weihnachten ein Ofen angezündet worden. Da können wir uns die Hände dran wärmen, sie werden geschmeidig, dann können wir damit etwas tun. Uns ändern, die Menschen um uns und die Welt.
Das Licht ist in der Welt erschienen, das Himmelreich ist nahe herbeigekommen. Wir können Buße tun, wir können umkehren, auch heute noch.

---

4. Danken

Kol. 4,2

2 Seid beharrlich im Gebet und wacht in ihm mit Danksagung.

„Lasst nicht nach im Beten!“, fordert der Apostel Paulus im Kolosserbrief. Ob er auch uns meint?
Bei einer Umfrage in Deutschland kam vor einigen Jahren heraus: 86 % der Deutschen beten, aber nur 68 % glauben, dass es Gott gibt. Das scheint ein Widerspruch zu sein. Was heißt „beten“, wenn es Gott vielleicht gar nicht gibt?
Ein Tischgebet aufsagen, ein Vaterunser mitsprechen, ein Stoßgebet stammeln – das sind vereinzelte Gebetsaktionen. Paulus meint etwas Anderes. Vielleicht dieses? Betet allezeit, ohne Unterlass, wie es Mön-

che tun, die das ständige Gebet wie an einer Kette weitergeben? Ist das aber nicht noch schrecklicher, wenn wir aus dem Beten eine Leistung machen, wie es etwa Dauerskatspieler tun, um ins Guinness-Buch der Rekorde zu kommen?

Die Mahnung des Paulus scheint doch nur sinnvoll zu sein, wenn Beten keine Einzelaktion und kein Dauerstress ist, sondern in all meinem Tun und Lassen mit dabei ist wie das Bewusstsein und der Verstand. So gesehen ist Beten auch kein frommes Gefühl, sondern ein einfacher, nüchterner und alltäglicher Vorgang, der etwas mit dem Denken zu tun hat. Beten ist eine Form des Denkens, nicht des gedankenlosen Herunterleierns.

Was für ein Denken ist dann aber gemeint. Es gibt ja verschiedene Formen des Denkens:

- Denken des Beliebigen (Ich denke, dass der Sommer schön wird.)
- Denken um des eigenen Vorteils willen (Ich denke nach, wie ich möglichst schnell zu Geld komme.)
- Denken als Überlegung bei der Arbeit (Wie soll ich es anpacken, um das Werk erfolgreich zu Ende zu bringen?)

Das passt aber alles nicht so recht zum Beten.

Was dann? Beten ist jenes Denken, mit dem ich mich vor Gott auf mich selbst besinne. Wer bin ich? Wer soll ich sein? Was ist Gottes Wille mit mir?

Dieses Beten erscheint wie ein Selbstgespräch. Aber erst in dieser Beschränkung bei Ausschaltung äußerer Einflüsse komme ich zu mir selbst. Ich komme zu mir, ich wache auf.

Beten ist der Gegensatz zur Bewusstlosigkeit, zum Schlaf. Jesus betete die Nächte durch, auch in Gethsemane, wo er seine Jünger zur Rede stellte: „Könnt ihr denn nicht eine Stunde wachen. Wachet und betet, dass ihr nicht in Anfechtung fallet.“

Nun kann ich Gottes Wort hören: Herr, rede, dein Knecht hört.
Das Hören auf Gottes Wort hat Folgen, zunächst einmal für mein Reden mit Gott. Wenn ich denkend bete, nachdem ich aufmerksam hingehört habe, werde ich nicht unkontrolliert alles in mein Gebet hineinstopfen, was mir in den Sinn kommt. So mögen vielleicht Kinder beten.
Ich frage mich: Ist es wichtig, was ich will und wünsche? Leide ich an dem, was ich vermisse, zu Recht? Oder muss ich mich in den Verlust schicken?
Erst nach dieser Selbstprüfung können wir uns an das Bitten wagen, so wie die lieben Kinder ihren lieben Vater bitten. Und wir können gewiss sein, dass Gott wirklich gibt, was wir brauchen. Manchmal brauchen wir es auch, etwas nicht zu bekommen.
Eine andere Folge meines nachdenkenden Hörens: Keiner ist so arm, dass er nicht zu danken hätte. „Werdet nicht müde, Gott zu danken." Jeder Tag steckt voller Erlebnisse, für die wir zu danken haben: dass wir in einem Haus wohnen, dass wir zu essen haben, dass wir noch leben.
Denken und Danken gehen auf dasselbe Wort zurück. Wer nachdenkt, kann danken. Wer dankt, denkt nach. Beten ist Denken.

---

5. Ehebruch

Joh 8, 1-11

1 Jesus aber ging zum Ölberg.
2 Und frühmorgens kam er wieder in den Tempel, und alles Volk kam zu ihm, und er setzte sich und lehrte sie.
3 Aber die Schriftgelehrten und Pharisäer brachten eine Frau, beim Ehebruch ergriffen, und stellten sie in die Mitte

4 und sprachen zu ihm: Meister, diese Frau ist auf frischer Tat beim Ehebruch ergrif-
fen worden.
5 Mose aber hat uns im Gesetz geboten, solche Frauen zu steinigen. Was sagst du?
6 Das sagten sie aber, ihn zu versuchen, damit sie ihn verklagen könnten. Aber Je-
sus bückte sich und schrieb mit dem Finger auf die Erde.
7 Als sie nun fortfuhren, ihn zu fragen, richtete er sich auf und sprach zu ihnen: Wer
unter euch ohne Sünde ist, der werfe den ersten Stein auf sie.
8 Und er bückte sich wieder und schrieb auf die Erde.
9 Als sie aber das hörten, gingen sie weg, einer nach dem andern, die Ältesten zu-
erst; und Jesus blieb allein mit der Frau, die in der Mitte stand.
10 Jesus aber richtete sich auf und fragte sie: Wo sind sie, Frau? Hat dich niemand
verdammt?
11 Sie antwortete: Niemand, Herr. Und Jesus sprach: So verdamme ich dich auch
nicht; geh hin und sündige hinfort nicht mehr.

Das geht zu weit! Man stelle sich vor: Eine Frau wird beim Ehebruch ergriffen, auf frischer Tat. Ihr Mann ist vielleicht bei der Arbeit, die Kinder sind möglicherweise in der Schule. Und sie treibt es mit einem andern! Was sollen die Leute dazu sagen? Was sollen wir dazu sagen? Zwar sind wir gegenüber der damaligen Zeit im Hinblick auf Liebe und Ehe großzügiger und freizügiger geworden. Wir nehmen es nicht mehr so genau. Aber bei allem Verständnis und aller Weitherzigkeit – das geht zu weit! Früher und heute!
Die Sache ist völlig klar. Zur Zeit Jesu stand darauf die Todesstrafe – Töten durch Steinigen. Aus unserer Sicht ist die Strafe zu hart. Aber das war das Gesetz des Moses, das war für die Juden das Gesetz Gottes. Und Gesetz ist Gesetz. Es ist dazu da, für Ordnung zu sorgen. Ordnung muss schließlich sein. Wo kämen wir hin, wenn die gültigen Gesetze nicht mehr respektiert würden! Wer das Gesetz übertritt, hat die Folgen zu tragen. Jedermann weiß das, auch die Ehebrecherin.

Sie bricht trotzdem die Ehe. Das geht zu weit! Eigentlich sollte auch Jesus das wissen. Zwar ist man von ihm einiges gewohnt: Er ist der Freund der Zöllner und Süßer. Er vergibt einem Gelähmten die Sünden, noch bevor dieser den Mund auftut. Er lässt sich von einer Straßendirne huldigen und vergibt ihr auch. Aber in diesem Fall? Ehebruch auf frischer Tat? – Man will nicht glauben, Jesus vergibt auch diesmal wieder. Er scheint kein Maß im Sündenvergeben zu kennen. Das geht zu weit! Ein Skandal!

So dachten auch die Christen, als sie darangingen, die Geschichte von Jesus aufzuschreiben. In allen alten Handschriften fehlt unser Abschnitt von Jesus und der Ehebrecherin. Auch im Johannes-Evangelium hat er ursprünglich nicht gestanden. Die Kirche hatte seinerzeit wohl schwere Bedenken, diesen Text aufzunehmen. Sie musste das Verhalten Jesu eigentlich als skandalös empfinden. Ist Jesus nicht allzu schnell zur Vergebung bereit, nicht allzu weitherzig? Zerstört ein solches Verhalten nicht jede Moral? Wird da nicht ein falscher Christus verkündet?

Wenn man nur auf den Anfang und das Ende der Geschichte blickt, nur auf das Vergehen der Frau und die großzügige Nachsicht Jesu schaut, dann könnte man allerdings meinen, hier würden alle Maßstäbe über den Haufen geworfen und der Sünde Tür und Tor geöffnet.

Bis hierher haben wir die Geschichte nur aus der Sicht der Pharisäer gesehen. Diese Sicht ist verständlich, sie liegt uns. Über das Vergehen eines Menschen können wir uns nämlich herrlich ereifern. Mit einem gewissen Wohlgefühl genießen wir es, nicht so zu sein wie jener da, der auf krummen Wegen geht und erwischt worden ist, und wie jene dort, die vom rechten Weg abgekommen ist und nun in der Patsche sitzt.

Aber lassen Sie uns einmal die Geschichte aus der Sicht der Ehebrecherin betrachten, nicht aus falschem Mitleid, sondern um Jesu Verhalten richtig zu begreifen.

Diese Frau hat den Tod vor Augen. Die Pharisäer sind im Recht. Sie zeigen nicht nur mit den Fingern auf sie, sie haben schon die Steine in der Hand. Da kann auch Jesus nichts mehr ändern. Die Frage der Pharisäer an ihn: Was sagst du dazu? ist eigentlich gar keine Frage mehr. Was soll er schon sagen? Er kann doch nur Ja zum Gesetz sagen. Sein Zögern macht die Sache auch nicht besser. „Er bückt sich hinab und malt mit dem Finger in den Sand.“ Was soll das? Weicht er der Frage aus? Denkt er nach? Die Pharisäer bedrängen ihn weiter, sie lassen nicht locker. Und nun geschieht etwas Erstaunliches. Er nimmt Partei für die Sünderin. Er tut es nicht so, dass er das Gesetz für ungültig, für zu hart, für überholt erklärt. Nein, er nötigt die Pharisäer selbst zu urteilen. Allerdings sollen sie sich dabei nicht auf die Buchstaben des Gesetzes berufen können, sondern mit ihrer eigenen Person für das Urteil einstehen. „Wer von euch ohne Fehler ist, werfe den ersten Stein auf sie.“ Jesus appelliert an das Gewissen. Jeder soll zunächst über sich selbst urteilen. Von diesem Urteil will er das Urteil über die Frau abhängig machen. Ein gefährliches Unterfangen. Wie, wenn es jemanden gäbe, der von sich sagen kann: Ich bin ohne Sunde?! „Sie aber gingen, als sie das gehört hatten, hinaus, einer nach dem andern.“ Die Ankläger werden zu Angeklagten. Sie müssen sich selbst das Urteil sprechen: Wir sind nicht besser als die Sünderin. Wir können die Sünderin nicht verdammen. Mit dieser Selbsterkenntnis schleichen sie davon, einer nach dem andern. An der Schwelle des Todes wird die Frau gerettet. Die Steinigung findet nicht statt. Das tödliche Gesetz verliert sein Recht, der alte Brauch seine Geltung. Am Schluss steht das Wort Jesu an die Ehebrecherin: „Geh hin, sündige von jetzt an nicht mehr.“

Wir wissen nicht, ob diese Mahnung Jesu auf fruchtbaren Boden gefallen ist, ob diese Frau von Herzen bereut hat, was sie getan hat, ob sie ein anständigeres Leben geführt hat als zuvor. Wir wissen auch nicht, ob die

Pharisäer aus dieser Begebenheit gelernt haben, ob sie der Frau kleine Steine mehr in den Weg gelegt haben, ob sie bei einer anderen Gelegenheit nicht doch wieder zu den Steinen gegriffen haben.

Dass uns der Erzähler der Geschichte darüber keine Auskunft gibt, hängt wohl damit zusammen, dass er unseren Blick von den dargestellten Personen weg auf uns selbst lenken möchte.

Denn die Frage, was aus der Ehebrecherin und den Pharisäern geworden ist, ist die Frage an uns, was aus uns wird, da wir ja an diesem Geschehen mitbeteiligt sind. Nicht nur als Zuhörer, das auch, sondern als von diesem Geschehen unmittelbar Betroffene.

Wir kennen das ja von uns selbst. So wie die Pharisäer denken und reden, so denken und reden wir selbst. Ein großer Teil unserer Gespräche besteht darin, über andere zu reden, und zwar nicht nur das Beste. Wir nehmen sie alle kritisch unter die Lupe: Der eine nimmt sich zu viel heraus. Was der sich wohl einbildet! Der andere ist viel zu kleinlaut. Er müsste mal auf den Tisch hauen.

Wir kritisieren, wie andere sich kleiden, ihre Wohnung einrichten, was sie sich alles leisten, wie sie ihre Kinder erziehen, wie sie sich gegenüber den Nachbarn verhalten, was sie sich da herausnehmen und was sie über Dritte schon alles gesagt haben und überhaupt.

Nun kann diese Kritik ja richtig sein. Die Pharisäer haben mit ihrer Kritik auch Recht. Jesus sagt nicht, dass die Pharisäer nicht Recht hätten. Sie verstehen das Gesetz schon richtig. Nur wollen sie mit dem Gesetz im Rücken einen Menschen umbringen.

Nun können wir uns natürlich nicht damit herausreden, dass wir mit unserer Kritik viel taktvoller sind: Wir sagen es dem anderen nicht ins Gesicht, und wir wollen ihn auch nicht steinigen.

Doch auch unsere Art der Kritik kann das Leben zwischen Menschen so verändern, ja vergiften, dass es unmenschlich wird. Wer am anderen kein gutes Haar lässt, kann ihm im Gespräch nicht mehr unbefangen zuhören. Er ist vor eingenommen, er muss sich verstellen, er muss heucheln, wenn er nicht gleich jedes Gespräch gleich abbrechen will. Auch das gibt es. Kritik kann so weit gehen, dass ich den anderen nicht mehr gelten lasse, dass ich seine Lebensmöglichkeiten einschränke. Und das ist fast so, als wenn ich ihn zu Tode steinige. Wir machen es feiner als die Pharisäer von damals, wir wollen uns die Hände nicht schmutzig machen, aber die Auswirkungen unseres Handelns bleiben gleich.

Jesus verurteilt ein solches Verhalten; darin sieht er unsere Schuld. Wir schulden dem Mitmenschen unsere Liebe, die er braucht, um sinnvoll leben zu können, und wir geben sie ihm nicht. „Wer von euch ohne Fehler ist, werde den ersten Stein." Damit will Jesus uns nicht auf eine Stufe mit der Ehebrecherin stellen, so als wären wir alle Halunken, Verbrecher und Spitzbuben. Das sind wir sicher nicht. So haben es auch die Pharisäer in unserer Gesellschaft nicht verstanden. Sie haben gemerkt, dass das Versagen des Menschen darin besteht, sich über den anderen Menschen erheben zu wollen. Sich über einen anderen erheben heißt aber doch, ihn beherrschen wollen. In der Welt ist es so, dass der Stärkere den Schwächeren gering achtet, ihn als Fußschemel für seine eigene Größe ansieht. So soll es bei uns nicht sein!

Zwei Dinge sind es, die uns an dieser Geschichte deutlich werden können:

1. Es gibt viel Bosheit und Gemeinheit unter uns Menschen. Nicht alles läuft so, wie es gut und richtig wäre. Die Fehler und Schwächen kommen immer wieder zum Vorschein. Aber jedes Abwägen, Vergleichen, Messen und Beurteilen dieser Schwächen bleibt unzulänglich. Menschliche Maßstäbe versagen, nicht vor einem öffentlichen Gericht, da müssen sie wohl gelten, aber sie versagen vor Gott. Er sieht tiefer, er sieht uns Menschen ins Herz. Er kennt die Abgründe in uns, vor ihm bleibt nichts ver-

borgen. Er wird unsere Fehler und Schwächen nach anderen Maßstäben messen, als wir es selber untereinander tun, und er wird das letzte Wort haben.

2. Wer das bedenkt, kann mit seinem Maßstab den andern nicht verurteilen. Die Schwächen eines andern sind eine Mahnung an uns, den Betreffenden nicht fallen zu lassen. Wir müssen die Tür für ihn offenhalten, wir dürfen sie nicht zuschlagen. Der andere braucht es, dass wir mit ihm sprechen. Diese Offenheit füreinander nennt das Neue Testament „Dienen".

Richtet nicht, dann wird euch Gott auch nicht richten. Seid barmherzig, so wie euer Vater barmherzig ist.

„Dienet einander", sagt Jesus. Tretet den anderen nicht unter eure Füße, sondern hebt ihn auf, und besonders dann, wenn ihr stärker, reiner, klüger, frommer und anständiger seid als die in vieler Hinsicht Schwachen. Das Dienen fällt uns schwer. Wir versagen oft. Das Versagen einzugestehen fällt uns auch schwer. Das geht uns allen so ohne Ausnahme. Die Pharisäer müssen auch erst durch ein Wort Jesu zu diesem Eingeständnis gebracht werden. Dieses Wort Jesu deckt unsere Schwäche auf, aber es könnte uns auch froh machen. Denn wir begreifen, dass wir vor Gott nicht bestehen, indem wir uns krampfhaft bemühen, den anderen klein und schäbig zu halten, uns selbst aber groß herauszustellen. Dieses Unterfangen ist von vornherein zum Scheitern verurteilt. Die größeren Schwächen des anderen gegenüber den eigenen Schwächen machen uns vor Gott nicht groß. Vor Gott werden wir groß, indem wir uns unter den Menschen klein machen. „Dienet einander!" Unsere Stellung zu den Mitmenschen ist nicht die von Gönnern und Wohltätern, sondern die von Dienern. Dieses Dienstes brauchen wir uns nicht zu schämen. Denn ein anderer, Jesus, hat uns auch gedient, bis zum Tod am Kreuz.

6. Frieden

Lk, 19,42

42 Wenn doch auch du erkenntest zu dieser Zeit, was zum Frieden dient! Aber nun ist's vor deinen Augen verborgen.

Der 10. Sonntag nach Trinitatis ist alljährlich der Tag des Gedächtnisses der Zerstörung Jerusalems im Jahre 70 n. Chr. durch die Römer. Unsere Väter brachten das dadurch zum Ausdruck, dass sie an diesem Tag eine Kollekte für die Judenmission erbaten und dass sie in den Nachmittags-gottesdiensten dieses Tages regelmäßig den schreckenerregenden und grausigen Bericht von der Belagerung, Eroberung und Zerstörung dieser Gottesstadt lasen. Man hat das gewiss nicht in der Absicht getan, um sich an dem Bericht von einem Massenmord zu ergötzen, sondern man hat es getan, weil man in der Vernichtung Jerusalems ein Gottesgericht sah, eine Warnung an das eigene Volk: So wird es euch ergehen, wenn ihr nicht die Heimsuchungen Gottes in eurem Leben begreift. Es werden dann eines Tages nicht mehr nur 1 Mill. Juden sein, wie es damals bei der Zerstörung Jerusalems der Fall gewesen sein soll, nicht mehr nur 60 Mill. Gefallene wie im letzten Weltkrieg, sondern dann wird es, womit die Atomwissenschaftler rechnen, die ganze Menschheit sein. Unser Abschnitt von der Klage über Jerusalem und von der Tempelreinigung gehört in den größeren Zusammenhang vom Einzug Jesu in Jerusalem. Jesus nähert sich der Stadt. Vom Kamm des Ölbergs her eröffnet sich der Blick auf die Stadt und den Tempel. Die Jünger beginnen mit ihren Huldigungsrufen. Immer größere Scharen von Anhängern fallen ein: Hosianna dem Sohne Davids.

Gelobt sei, der da kommt, im Namen des Herrn.
Hosianna in der Höhe.
Ein triumphaler Jubel umfängt Jesus. Er steht scheinbar auf der Höhe seines Erfolges. Die wenigen Stimmen des Widerstands fallen kaum ins Gewicht und können die Freudenrufer auch nicht zum Schweigen bringen.
Und doch wird Jesus über diesen Empfang nicht froh. „Und als er näher kam und die Stadt sah, weinte er über sie und sprach: Wenn doch auch du an diesem Tag erkannt hättest, was zu deinem Frieden dient." Jesus sieht tiefer, er sieht mehr. Dieser Weg wird nicht triumphal enden. Diese Stadt erkennt nicht den Moment des Heils. Dieselben Menschen, die eben noch Hosianna schreien, werden in wenigen Tagen am Karfreitag ihr „Kreuzige, kreuzige ihn!" dem römischen Statthalter Pontius Pilatus zurufen.
Er sah es deutlich genug voraus, dass seine Volksgenossen sich mehr und mehr von einem Hassgefühl gegen die Besatzungsmacht der Römer leiten und lenken lassen würden, und ahnte es mit prophetischem Geiste, dass daraus nur die Katastrophe des Untergangs folgen konnte.
„Denn es werden Tage über dich kommen, da werden deine Feinde einen Wall gegen dich aufwerfen und dich ringsum einschließen und dich von allen Seiten bedrängen und dich dem Erdboden gleichmachen und deine Kinder in dir zu Boden schmettern und keinen Stein in dir auf dem andern lassen darum, weil du die Zeit deiner gnadenvollen Heimsuchung nicht erkannt hast."
Dieser Untergang hatte gewiss politische Hintergründe, aber es ist das Besondere an der Bibel, dass sie davon weiß, wie eine ganze Stadt, ja, wie ein ganzes Volk vor Gott zusammengehört. Die Geschichte eines jeden Volkes hat ihren geheimen Sinn darin, wie das Volk zu Gott steht, ob es an ihn glaubt, ihm dient und gehorcht, oder ob es ihn ablehnt und

seine eigenen Wege geht. Kein Buch der Weltliteratur zeigt uns das so deutlich wie die Bibel. Auch der Wochenspruch dieser Woche ruft es uns ja zu: „Gerechtigkeit erhöht ein Volk; aber die Sünde ist der Leute Verderben."

Spricht man diese aus dem Glauben stammende Einsicht öffentlich aus, so wird man meistens nur Hohn und Spott ernten. Dennoch halten wir an dem fest, was schon Martin Luther in seiner Predigt zu unserem Text sagte:

„Wir werden uns nicht eher fürchten, bis es uns ergeht wie den Leuten von Jerusalem. Es ist genug geschrieben und gepredigt: Man schlägt es aus. Wenn es aber dazu kommt, dass der Herr das Evangelium von uns nimmt, dann wird in Deutschland nichts sein als Hunger, Zwietracht, Pest und Blutvergießen. Dann aber wird es zu spät sein."

Jesus zeigt uns, wie allein das Unheil noch abgewendet werden kann. Er geht in den Tempel, an den Ort, von wo aus Hilfe und Rettung zu erwarten ist. Dort richtet sich sein leidenschaftlicher Protest gegen die übertünchte Frömmigkeit der Juden. „Mein Haus ist ein Bethaus", dieses Wort der Schrift hält er ihnen entgegen, denen, die dort lärmen und feilschen und handeln, kaufen und verkaufen. Überdies waren sie der Ansicht, Christus gar nicht nötig zu haben; sie waren ja so sicher und satt, so gut und fromm, was konnte da schon passieren! Aber das war es eben: Ihr ganzes Leben drehte sich nur um sie selber und ihr eigenes Wohlergehen. Für Gott blieb da kein Raum mehr.

Wie steht es aber damit bei uns selbst? Geben wir Gott Raum? Spielt er noch eine Rolle in unserem Leben?

Gewiss, wir gehen in die Kirche, lassen unsere Kinder taufen und konfirmieren, lassen uns kirchlich trauen und wohl auch kirchlich beerdigt. Wir haben unsere Jugendkreise, Frauen- und Männerkreise, Frauentreffen, Männertage, Kirchentage. Aber könnte es nicht sein, dass Gott zu diesem Betrieb „nein“ sagt, weil er das alles durchschaut, weil er sieht, dass wir nur ein Geschäft mit ihm machen wollen? Er gibt die himmlische Seligkeit und irdisches Wohlergehen, wir geben ihm ein bisschen Gebet, ein bisschen An-Gott-Denken, ein bisschen Kirchlichkeit. Sollte der Herr das nicht schon längst gemerkt haben, er, der doch einem Menschen bis ins Herz sehen kann? Mit Gott ein Geschäft machen wollen ist abscheulich. Christus ist in seinem Tempel und schwenkt die Geißel. Hinaus mit allem, was die Freiheit und die schenkende Güte Gottes verletzt! Bei Gott ist alles Gnade, alles Geschenk und darin inbegriffen alles Gebot, Gehorchen ohne Schielen nach Lohn und Anerkennung. So geht es bei Gott zu! Alles andere ist Beleidigung.

Christus hat die Geißel in der Kirche geschwungen, weil er seine Kirche liebte. Es war ein liebender Zorn. Nicht Vernichtung wollte er, sondern Rettung, Rettung von der Kirche aus für das ganze Land. „Wenn doch auch du an diesem Tag erkannt hättest, was zu deinem Frieden dient."

Was könnten wir uns mehr wünschen als Frieden in einer Zeit, in der es an verschiedenen Ecken der Welt blutige Kämpfe gibt: in Afrika, im Nahen Osten, in Asien.

Wie schwach ist der gute Wille in der heutigen Zeit geworden. Verträge zwischen einzelnen Staaten stehen auf äußerst schwachen Füßen, sobald nicht mehr die vernichtende Macht dahinter steht, um das Einhalten der Verträge zu erzwingen.

„Wenn doch auch du an diesem Tag erkannt hättest, was zu deinem Frieden dient."

Die diplomatische Kunst der Politiker kann uns den wahren Frieden nicht beschweren, sondern allein Gott. Bei ihm allein ist das Heil zu finden. In diesem Heil ist sowohl unser innerer Friede als auch der Friede in der Welt beschlossen. Von unserem Verhältnis zu Gott hängt der Friede der Welt ab. Deshalb die Mahnung Christi: Mein Haus soll ein Bethaus sein.

Christus hat die Geißel in der Kirche geschwungen, weil er seine Kirche liebte. Es war ein liebender Zorn. Nicht Vernichtung wollte er, sondern Rettung. Rettung von der Kirche aus für das ganze Land.

„Wenn doch auch du an diesem Tag erkannt hättest, was zu deinem Frieden dient."

Welcher Friede ist aber hier gemeint? Wir sind ja gewohnt, zwischen einem Frieden Gottes und einem Frieden in der Welt zu unterscheiden.

Frieden Gottes, das meint doch unseren inneren Frieden mit Gott; den Zustand, der eintritt, wenn uns Gott unsere Sünden vergibt.

Und damit sind wir bei einem anderen Frieden, dem Frieden der Welt. Er ist die Sehnsucht vieler Menschen angesichts der vielen blutigen Kämpfe der Gegenwart. Dieser Friede ist etwas, was der Mensch kraft seiner Vernunft herbeiführen muss. Wenn es immer noch Kriege gibt, kann er Gott dafür nicht verantwortlich machen. Zwei Arten von Frieden. Die Christen sagen: Es kommt vor allem auf den Frieden Gottes an. Die Nichtchristen sagen: Es kommt allein auf den Frieden in der Welt an.

Ich meine, dass diese Unterscheidung in doppelter Hinsicht verfehlt ist.

Die Bibel trennt nicht zwischen den beiden Arten von Frieden. Der Friede Gottes hat Bezug auf das irdische Leben. Der Engelsgesang in der Weihnachtsgeschichte lautet doch: Ehre sei Gott in der Höhe und Friede auf Erden den Menschen des Wohlgefallens.

Himmel und Erde werden in einem Atemzug genannt. Der Friede gehört zur Erde und nicht den Menschen nach dem Tode auf dem Friedhof.

Gott und Mensch stehen in keinem Konkurrenzverhältnis, dass das, was Gott tut, der Mensch nicht tun darf, und dass wir für das, was der Mensch vollbringen kann, Gott nicht brauchen.

Gott und Mensch stehen vielmehr in einem Verhältnis des einseitigen Bundes Gottes mit den Menschen. Gott wirkt alles, aber was Gott tut,

das will er durch den Menschen getan haben, und was wir Menschen tun, das können wir erst dann recht tun, wenn wir es Gott verdanken.
Ein Frieden Gottes ohne den Frieden der Welt ist ebenso eine Träumerei wie ein Frieden der Welt ohne den Frieden Gottes. Das erste weist uns darauf hin, dass wir uns mit allen unseren Kräften für den Frieden hier auf Erden einsetzen sollen. Das zweite weist darauf hin, dass wir den Frieden nur als Geschenk entgegennehmen können. Die Einsicht darin ist der spezifisch christliche Beitrag zum Frieden. Sie richtet sich in erster Linie gegen uns selbst.
„Wenn doch auch du an diesem Tag erkannt hättest, was zu deinem Frieden dient."
Was dem Frieden dient, was für den Frieden notwendig ist, ist einfach dies: von den eigensüchtigen und selbstherrlichen Versuchen ablassen und sich den Frieden schenken lassen, sich Gott mit allem, was wir sind und haben, anvertrauen wie ein Beter, der mit leeren Händen vor Gott hintritt und von ihm alles erhofft. Das Gebet für den Frieden ist nicht der schlechteste Dienst.
In diesem Zusammenhang lassen Sie uns die Mahnung Christi Bedenken: Mein Haus soll ein Bethaus. Ist unsere Kirche wirklich ein Bethaus? Beten wir vor dem Gottesdienst darin, und gehen wir betend nach Hause, um wochentags dort zu beten? Wird wirklich noch ernsthaft gebetet oder ist alles bloß noch frommes Gerede?
Wir haben noch eine letzte Chance. Als Jesus die Geißel im Tempel geschwungen und die Krämer hinausgeworfen hatte, ging er danach nicht fort. Er blieb. Er zeigte das Verhängnis - und blieb.
„Und er lehrte täglich im Tempel; die Hohenpriester aber und die Schriftgelehrten und die Vornehmsten des Volkes suchten ihn ins Verderben zu bringen, und sie fanden nicht, was sie tun sollten; denn das ganze Volk hing ihm an und hörte auf ihn."

Ist das nicht unsere Lage? Christus hält trotz allem bei uns aus. Er ist noch da. Er wird uns Tag für Tag zum Kreuzweg, an dem es rechts oder links abgeht. In der Tat, wir können nicht wie unbeteiligte Zuschauer vom Schicksal Jerusalems reden. Wir alle sind angeredet von Jesus:
„Wenn doch auch du an diesem Tag erkannt hättest, was zu deinem Frieden dient."
Der Herr möge uns dazu die Erkenntnis schenken.

---

7. Furcht

Mt 28,1-10

1 Als aber der Sabbat vorüber war und der erste Tag der Woche anbrach, kamen Maria von Magdala und die andere Maria, um nach dem Grab zu sehen.
2 Und siehe, es geschah ein großes Erdbeben. Denn der Engel des Herrn kam vom Himmel herab, trat hinzu und wälzte den Stein weg und setzte sich darauf.
3 Seine Gestalt war wie der Blitz und sein Gewand weiß wie der Schnee.
4 Die Wachen aber erschraken aus Furcht vor ihm und wurden, als wären sie tot.
5 Aber der Engel sprach zu den Frauen: Fürchtet euch nicht! Ich weiß, dass ihr Jesus, den Gekreuzigten, sucht.
6 Er ist nicht hier; er ist auferstanden, wie er gesagt hat. Kommt her und seht die Stätte, wo er gelegen hat;
7 und geht eilends hin und sagt seinen Jüngern, dass er auferstanden ist von den Toten. Und siehe, er wird vor euch hingehen nach Galiläa; dort werdet ihr ihn sehen. Siehe, ich habe es euch gesagt.
8 Und sie gingen eilends weg vom Grab mit Furcht und großer Freude und liefen, um es seinen Jüngern zu verkündigen.
9 Und siehe, da begegnete ihnen Jesus und sprach: Seid gegrüßt! Und sie traten zu ihm und umfassten seine Füße und fielen vor ihm nieder.

10 Da sprach Jesus zu ihnen: Fürchtet euch nicht! Geht hin und verkündigt es meinen Brüdern, dass sie nach Galiläa gehen: Dort werden sie mich sehen.

In allen Liedern haben wir heute von der Osterfreude gesungen und in das Halleluja mit eingestimmt. „Christ ist erstanden. Halleluja. Des sollen wir alle froh sein."

Angefangen hat alles ganz anders, mit Furcht und Zittern. Viermal wird am Ende des Matthäus-Evangeliums auf die Furcht hingewiesen. Nicht anders sieht es in den Berichten von der Auferstehung bei Markus und Lukas aus. Zum Glauben an die Auferstehung gehört die Furcht. Merkwürdig.

„Fürchtet euch nicht", hören die drei Frauen am Grab. Und doch: „Sie gingen eilends vom Grab mit Furcht und großer Freude."

Ist es wirklich so merkwürdig, dass der christliche Glaube mit großer Freude, aber auch mit Furcht angefangen hat?

Ich stelle mir vor: Jesus, Gott und der Glaube sind mir verloren gegangen. Es ist nichts mehr da. Alles tot, es gibt keine Zukunft mehr, keine Hoffnung. Mein Glaube, der mich viele Jahre getragen hat, war vergeblich, für die Katz. Alles nur ein Wahnbild, ein Trugbild. Das ist furchtbar, das ist zum Fürchten.

So ähnlich war das wohl damals bei den Freunden Jesu. Sie waren in einer Sackgasse, dem Tode nahe.

Natürlich gibt es das in ähnlicher Weise auch heute.

- Da wird ein beinamputierter Rentner in seinem Rollstuhl erschlagen. Ein 20jähriger Altenpfleger wird von der Polizei festgenommen. Vermutlich Raubmord.
- Da tobt in Nigeria ein schrecklicher Bürgerkrieg mit Tausenden von Toten.

- Da wird es auf den Autobahnen um die Osterzeit wieder viele Unfälle mit zahlreichen Toten geben.
- Auch in diesem Monat werden in dieser Gemeinde wieder zwei Ehen geschieden. Zwei Menschen wollten zusammenleben, bis dass der Tod sie scheidet. Aber sie haben sich auseinandergelebt, sind zerstritten, bleiben in Hass, Trauer und Einsamkeit zurück, von den verwirrten Kindern einmal ganz abgesehen.

Ich brauche nicht fortzufahren. Das Leben ist zum Fürchten.
Die Frauen am Grab hörten nun mehrmals: „Fürchtet euch nicht."
Sie hörten es, vertrauten darauf, wagten, an das Leben zu glauben. Ein Wagnis war es allemal. Sie hatten nichts in Händen, nur ihren Glauben und ihr Vertrauen darauf, dass das Leben ihnen neu geschenkt wird.
Ein Wagnis ist es allemal, auch für uns heute, zu glauben und darauf zu vertrauen, dass das Leben stärker ist als der Tod, dass die Hoffnung stärker ist als die Verzweiflung, dass die Liebe stärker ist als der Hass, die Freude stärker als die Furcht.
Wir haben nichts in Händen als unseren Glauben an den Herrn, der sich damals den Frauen zeigte, der heute in unserer Mitte sein will. Auferstanden unter uns, damit wir auferstehen aus der Furcht, die uns niederdrückt.

- Da wird einem Mann, der durch den Verlust seines Daumens in der Arbeit behindert ist, ein neuer Daumen angenäht.
- In Israel sollen israelische und arabische Kinder im Sandkasten miteinander gespielt haben, weil sie sich mochten, zum Entsetzen der Erwachsenen.
- Auf Autobahnen soll es vorkommen, dass man sich gegenseitig hilft, dass man den Fahrfehler eines anderen entschuldigt.
- Immer noch soll es möglich sein, dass sich Menschen versöhnen, sich vergeben, zueinander finden, neu beginnen.

Das ist der Geist Christi, der Geist des Lebens inmitten des Todes. Menschen damals und heute haben solche Erfahrungen gemacht.
Die Frauen damals liefen weg vom Grab, um von ihrer Freude anderen zu berichten. Sie konnte nicht anders. Kein Verbot konnte sie hindern. Ihr Herz quoll über. Freude lässt sich nicht unterdrücken. Alle Osterlieder jubeln überschwänglich von dieser Freude. Das „Halleluja" ist der Ausdruck des Jubels.
Eingeladen sind wir, in diesen Jubel einzustimmen, unsere Furcht fortblasen zu lassen, unsere Freude weiterzuerzählen. Davon kann man nicht nur reden, das muss man feiern, wie wir es im Gottesdienst tun, wenn wir zusammen das Abendmahl feiern.

8. Glauben

Ps 8,2-10

2 HERR, unser Herrscher, wie herrlich ist dein Name in allen Landen,
der du zeigst deine Hoheit am Himmel!
3 Aus dem Munde der jungen Kinder und Säuglinge / hast du eine Macht zugerichtet
um deiner Feinde willen,
dass du vertilgest den Feind und den Rachgierigen.
4 Wenn ich sehe die Himmel, deiner Finger Werk,
den Mond und die Sterne, die du bereitet hast:
5 was ist der Mensch, dass du seiner gedenkst,
und des Menschen Kind, dass du dich seiner annimmst?
6 Du hast ihn wenig niedriger gemacht als Gott,
mit Ehre und Herrlichkeit hast du ihn gekrönt.
7 Du hast ihn zum Herrn gemacht über deiner Hände Werk,
alles hast du unter seine Füße getan:
8 Schafe und Rinder allzumal,
dazu auch die wilden Tiere,
9 die Vögel unter dem Himmel und die Fische im Meer
und alles, was die Meere durchzieht.
10 HERR, unser Herrscher,
wie herrlich ist dein Name in allen Landen!

Max Planck

Ich bin Max Planck, der Begründer der Quantentheorie, und habe 1918 den Nobelpreis für Physik bekommen.
Für mich stehen Religion und Naturwissenschaft gleichberechtigt nebeneinander, denn sie beziehen sich auf verschiedene Bereiche der Wirklichkeit.
Die Naturwissenschaft handelt von der materiellen Welt, von dem, was ist. Über diese materielle Welt versuchen wir Physiker richtige Aussagen

zu machen und sie von den falschen zu trennen. Wir versuchen die Zusammenhänge der Dinge zu verstehen als Grundlage für technisch zweckmäßiges Handeln.
Die Religion handelt dagegen von der Welt der Werte. Hier wird von dem gesprochen, was sein soll, von dem, was wir tun sollen. Es geht um gut und böse, um wertvoll und wertlos.
Ich verstehe gar nicht, warum in der Vergangenheit ein Streit zwischen beiden Bereichen entstehen konnte. Das waren doch Missverständnisse, die dadurch zu erklären sind, dass man Bilder und Gleichnisse der Bibel wie naturwissenschaftliche Aussagen verstanden hat. Das ist natürlich unsinnig.
Ich jedenfalls kann gut in beiden Bereichen leben. In der Naturwissenschaft trete ich der Welt objektiv gegenüber. Mein Glaube ist dagegen Ausdruck einer subjektiven Entscheidung. Es geht um Werte, die ich als Überzeugungen in meiner Familie, in meinem Volk, in meiner Kultur vorfinde. Ich bejahe diese Werte, und ich entscheide mich als Naturwissenschaftler für die christliche Tradition, weil sie für mich bestimmend ist, wie ich mit den Menschen umgehe.
Um es noch einmal zu sagen: Glauben und Wissen sind zwei Paar Schuhe.

Albert Einstein

Ich bin Albert Einstein, der Begründer der Relativitätstheorie, und habe 1921 den Nobelpreis für Physik erhalten.
Mit dem, was Max Planck gesagt hat, kann ich nicht viel anfangen. Die vollständige Trennung von Glauben und Wissen ist sicher nur ein Notbehelf. Zwar ist das neue Wissen im Laufe der Zeit so sehr angewachsen, dass es die alten geistigen Formen sprengt. Dadurch besitzen die Bilder und Gleichnisse der Bibel keine Überzeugungskraft mehr. Dadurch ent-

steht die Gefahr, dass wir nicht mehr wissen, was wir tun sollen, dass Dinge von einer Schrecklichkeit geschehen werden, von der wir uns noch gar keine Vorstellung machen können.
Deshalb versuche ich, Glauben und Wissen miteinander zu verbinden. Der liebe Gott hat für mich irgendwie mit den unabänderlichen Naturgesetzen zu tun, mit der zentralen Ordnung der Dinge.
Ich stelle mir zwar keinen persönlichen Gott vor, aber ich weiß auch, dass die Wirklichkeit nicht so ist, wie wir sie als Naturwissenschaftler sehen. Geistig-seelische Wirklichkeit und materielle Wirklichkeit bilden die beiden Seiten ein und derselben Wirklichkeit, die wir in ihrem vollen Umfang nie begreifen werden. Eine Wissenschaft, die sich auf diese Art des Denkens eingestellt hat, wird nicht nur toleranter gegenüber den verschiedenen Formen der Religion sein, sie wird vielleicht, da sie das Ganze besser überschaut, zu der Welt der Werte mit beitragen können.

Paul Dirac

Ich bin Paul Dirac, der Begründer der relativistischen Quantenmechanik, und habe 1933 den Nobelpreis für Physik erhalten.
Ich weiß nicht, warum wir hier über Religion reden. Wenn man ehrlich ist, muss man zugeben: In der Religion werden lauter falsche Behauptungen ausgesprochen, für die es in der Wirklichkeit keine Beweise gibt. Schon der Begriff „Gott“ ist doch ein Produkt der menschlichen Phantasie. Primitive Naturvölker sind aus Angst vor unerklärbaren Kräften auf den Begriff der Gottheit gekommen. Wir haben solche Vorstellungen nicht mehr nötig. Die Annahme, dass es Gott gibt, kann uns nicht weiterhelfen. Im Gegenteil, sie führt zu ganz unsinnigen Fragestellungen. Warum lässt Gott Unglück und Ungerechtigkeit in der Welt zu? Warum lässt er die

Unterdrückung der Armen durch die Reichen zu? Warum verhindert er das nicht alles?
Wenn es in unserer Zeit noch Religionsunterricht gibt, so steckt doch der Wunsch dahinter, die einfachen Menschen zu beschwichtigen. Ruhige Menschen sind einfacher zu regieren als unruhige und unzufriedene. Sie sind auch leichter auszunützen und auszubeuten. Die Religion ist eine Art Opium, das man dem Volk gewährt, um es in glückliche Wunschträume zu wiegen und über Ungerechtigkeiten hinwegzutrösten.
Ich kann auch mit den religiösen Mythen nichts anfangen, schon weil sich die Mythen verschiedener Religionen widersprechen. Auch wie ich handeln soll, kann ich rein mit der Vernunft aus der Situation erschließen, dass ich in einer Gemeinschaft lebe zusammen mit anderen Menschen, denen ich die gleichen Rechte zubilligen muss, wie ich sie beanspruche. Ich muss mich um einen fairen Ausgleich der Interessen bemühen, mehr wird nicht nötig sein. All das Reden über Gottes Willen, über Sünde und Buße, über die jenseitige Welt ist reiner Unsinn.

Dialogpredigt

A.

Wir kennen und erleben das alle, was wir von den drei Naturwissenschaftlern gehört haben:
die Meinung, wie sie Dirac vertritt, dass Religion überholt ist, etwas Mythisches aus ferner Vergangenheit, geeignet zur Verdummung und Vertröstung einfacher Menschen; etwas, das man überwinden muss, weil es primitiv ist, weil es zu sinnlosen Fragen führt, die man doch nicht beantworten kann.
Daneben der etwas klägliche Versuch, wie etwa bei Max Planck, Religion zumindest im Privatbereich noch zu retten, als nützlich für ein halb-

wegs moralisches Leben anzuerkennen, die Bejahung einer Kultur, die von altersher überliefert ist. Aber im Bereich des technisch-zweckmäßigen Handelns sei Religion bedeutungslos, vielleicht sogar hinderlich für den technischen Fortschritt. Beide Haltungen sind wohl stark beeinflusst von dem, was Naturwissenschaftler für die Wirklichkeit halten. Das ist für Dirac und Planck das, was man mit den fünf Sinnen wahrnehmen und mit geeigneten Mitteln untersuchen kann. Das ist messbar in jeder Weise, das kann man im Experiment wiederholen. Die Gesetze des Naturzusammenhangs lassen sich in Formeln festhalten, und all das kann man dann nutzen für unsere Welt in Maschinen und Materialien und technischen Abläufen.

Aber ist das die Wirklichkeit, ist das die ganze Wirklichkeit?

B.

Für viele Menschen sicherlich. Es ist die Wirklichkeit, die dem tatsächlichen Zugriff offensteht. Aber es gibt auch eine Wirklichkeit, der man sich öffnen muss, die man erfahren und erleben kann, in die man selbst hineingenommen ist, die man nicht „machen“ kann. Vielleicht kann dabei der Psalm 8 aus dem Alten Testament unsere Gedanken in eine andere Richtung lenken:

„Herr, unser Herrscher, wie herrlich ist dein Name in allen Landen!

Wenn ich sehe die Himmel, deiner Finger Werk, den Mond und die Sterne, die du bereitet hast:

Was ist der Mensch, dass du seiner gedenkst, und des Menschen Kind, dass du dich seiner annimmst?

Du hast ihn wenig niedriger gemacht als Gott, mit Ehre und Herrlichkeit hast du ihn gekrönt.

Du hast ihn zum Herrn gemacht über deiner Hände Werk, alles hast du unter seine Füße getan:
Schafe und Rinder allzumal, dazu auch die wilden Tiere, die Vögel unter dem Himmel und die Fische im Meer und alles, was die Meere durchzieht.
Herr, unser Herrscher, wie herrlich ist dein Name in allen Landen!"

A.

Ich merke schon, worauf das hinausläuft. Das ist so ähnlich, wie wir es eben bei Albert Einstein gehört haben. Da gibt es Sonne, Mond und Sterne, Luft, Erde und Meer, Schafe, Rinder, wilde Tiere, Vögel und Fische, also die ganze sichtbare Welt, und auf einmal wird im Staunen über den Reichtum und die Vielfalt der Welt gesagt, das sei Gottes Werk, seine Schöpfung, so als könne man aus der natürlichen Ordnung der Dinge ablesen, dass es einen Gott gibt. Das überzeugt doch keinen Menschen. Da wird doch Gott mit den Naturgesetzen einfach gleichgesetzt.

B.

Wenn es so wäre, hättest du sicher Recht. Aber ich meine, dass der Psalm an einer ganz anderen Ecke beginnt, nicht bei dem Staunen über die Welt und ihre Vielfalt, sondern beim Staunen über den Menschen selbst. „Was ist der Mensch, dass du seiner gedenkst, und des Menschen Kind, dass du dich seiner annimmst?"
Da spricht ein Mensch, der fühlt, dass er nicht allein ist, dass er angenommen ist, dass er in gewissen Bereichen über sich und sein Leben nicht verfügen kann.

Das wird nur der spüren, der in der Hektik des Lebens innehält und über sich nachdenkt und dabei das Selbstverständliche als gar nicht so selbstverständlich erlebt, eher wie ein Geschenk, wie ein Wunder.
Jeden Abend lege ich mich schlafen und wache am nächsten Morgen wieder auf und kann an meine Arbeit gehen. Ich lebe an jedem Morgen wieder neu. Erstaunlich!
Oder: Ein Mensch wird geboren. Eltern erleben die Geburt und freuen sich darüber. In „dankbarer Freude“ zeigen sie die Geburt in der Zeitung an. Wem danken sie dabei eigentlich? Sich selbst? Das gäbe keinen Sinn. Vielleicht danken sie dem Taxifahrer, dem Arzt, der Hebamme, den Schwestern. Aber selbst wenn sie es so meinen, müsste ihnen klar sein: Keiner von den eben Genannten hat das Leben hergestellt; sie haben nur geholfen, dass es zur Welt kam. Auch Eltern geben nur das Leben weiter, das ihnen selbst geschenkt worden ist, von einem Ursprung her, der nicht einfach verfügbar ist. Christen nennen den Ursprung aller guten Gaben „Gott“.

A.

Du hast sicher Recht, wenn du das Staunen des Menschen über sich selbst an die erste Stelle rückst. Jetzt ist eigentlich auch klar, warum Gott als der Schöpfer der Welt in diesem Psalm gelobt wird. Dieser Glaube ist keine naturwissenschaftliche Aussage über die Evolution des Weltalls, die mag abgelaufen sein, wie sie will, sondern eine Aussage, die von einer persönlichen Erfahrung ausgeht.
So war das wohl auch bei der Entstehung der Schöpfungsberichte am Anfang der Bibel. Das Volk Israel war sich bewusst: Gott hat uns aus Ägypten gerettet. Wir haben gesehen und erlebt, wie er uns durch Moses geführt hat durch alle Gefahren hindurch bis in das gelobte Land.

Deshalb wissen wir auch: Gott ist gut zur ganzen Welt, weil er sie als eine gute geschaffen hat. Das glauben und bekennen wir im Schöpfungsbericht.

Martin Luther hat auch den Glauben an Gott den Schöpfer aus dieser persönlichen Betroffenheit heraus erklärt. Im Kleinen Katechismus schreibt er: „Ich glaube an Gott, den Schöpfer des Himmels und der Erde. Was ist das? Ich glaube, dass mich Gott geschaffen hat samt allen Kreaturen, mit Leib und Seele, Augen, Ohren und allen Gliedern, Vernunft und alle Sinne gegeben hat und noch erhält."

B.

Der Psalm-Schreiber denkt also anders als Albert Einstein, der ja auch Glaube und Naturwissenschaft miteinander verbinden möchte. Einstein denkt über eine wohlgeordnete Welt nach und sieht darin eine unpersönliche Naturgesetzlichkeit am Werk, die er Gott nennt. Der Psalm-Dichter fühlt sich bei dem persönlichen Gott geborgen und preist ihn deshalb zugleich als Herrn dieser Welt.

Das hat sicher auch Auswirkungen darauf, wie der Mensch mit dieser Welt umgeht.

A.

Das ist sicherlich richtig. Einstein hatte ja schon darauf hingewiesen. Wenn die Trennung zwischen Naturwissenschaft und Glaube zu groß wird, dann können Dinge geschehen von einer Schrecklichkeit, von der wir uns noch gar keine Vorstellung machen können. Wir erleben das bereits.

Die Atommacht erweist sich als unbeherrschbar. Die Umwelt ist weithin zerstört. Die Gentechnik wirft ihre schrecklichen Schatten voraus.

Der Glaube an Gott, den Schöpfer dieser Welt, ist notwendig, damit immer mehr Menschen dafür eintreten, den Garten Gottes zu bebauen und zu bewahren und ihn nicht unter die Füße zu treten und zu vernichten.

B.

Wir hören gleich den Schöpfungspsalm in einer veränderten Fassung, geschrieben von Ernesto Cardenal, dem Lyriker und Priester aus Nicaragua. Er macht auf neue Weise den Versuch, Naturwissenschaft und Glaube, irdische und himmlische Welt miteinander zu verbinden.

„Lobe den Herrn, meine Seele.
Herr, mein Gott, du bist groß.
Du bist in Atomenergie gekleidet wie in einen Mantel.
Wie auf der Töpferscheibe hast du
aus einer Wirbelwolke kosmischen Staubes
die Spiralen der Milchstraße gezogen.
Lobe den Herrn, meine Seele."

Herr, wir danken dir für die Schönheiten der Welt um uns herum, in der wir leben dürfen. Gib uns aufmerksame Augen dafür. An allem, was wächst, an jeder Blume können wir erkennen, welches Wunder deine Schöpfung ist, wie geheimnisvoll unser eigenes Leben. Wenn wir nur wollen, dann kann auch ein flüchtiger Blick auf deine Welt uns zur Erholung dienen. Wir können neue Kraft für unseren Alltag gewinnen. Hilf uns dazu, Herr.

Herr, wir bitten dich: Gib uns Kraft und Geduld, dass wir uns Wissenschaft und Technik entgegenstellen, wenn sie unmenschlich zu werden drohen. Lass uns unseren eigenen Weg finden im Einklang mit der Natur und unserer Umwelt und im Glauben an deine Güte und Barmherzigkeit. Gib uns Vertrauen und Liebe, dass wir nicht nur uns selbst, sondern auch die anderen Menschen sehen, die darauf warten, dass wir sie begleiten und ihnen Mut machen.

---

9. Hoffnung

Röm 12, 9-16

9 Die Liebe sei ohne Falsch. Hasst das Böse, hängt dem Guten an.
10 Die brüderliche Liebe untereinander sei herzlich. Einer komme dem andern mit Ehrerbietung zuvor.
11 Seid nicht träge in dem, was ihr tun sollt. Seid brennend im Geist. Dient dem Herrn.
12 Seid fröhlich in Hoffnung, geduldig in Trübsal, beharrlich im Gebet.
13 Nehmt euch der Nöte der Heiligen an. Übt Gastfreundschaft.
14 Segnet, die euch verfolgen; segnet, und flucht nicht.
15 Freut euch mit den Fröhlichen und weint mit den Weinenden.
16 Seid eines Sinnes untereinander. Trachtet nicht nach hohen Dingen, sondern haltet euch herunter zu den geringen. Haltet euch nicht selbst für klug.

Das ist ein ganz gewöhnlicher Text, ohne Überraschungen: Liebe, Aufrichtigkeit, Gutes, Herzlichkeit ... Wir haben das oft gehört, wir kennen das, es ist das Übliche in der Kirche, es ist immer dasselbe. Man kann die Aufzählung noch erweitern: Hilfsbereitschaft, Freundlichkeit, Güte, Treue, Vertrauen ... Warum kann man das? Weil jeder weiß, was der Welt fehlt, nämlich Liebe in jeder Weise. Sie fehlt an allen Ecken und Enden. Paulus sagt also nichts Neues. Jeder anständige Mensch würde es genauso sagen.

Warum stelle ich den ehrwürdigen Apostel in eine Reihe mit allen anständigen Menschen? Damit wir merken: Wir Christen haben nicht das Vorrecht gepachtet, von Liebe zu reden. Das können andere auch. Viele Christen ärgern sich darüber, ihr Selbstbewusstsein wird dadurch gestört. Sie retten sich mit der Feststellung: Während alle nur davon reden, handeln wir Christen. Das ist sicherlich nicht ganz falsch. Die ersten Christen, später die Klöster, unterstützten zahlreiche Witwen und Waisen, sie pflegten Kranke und Greise, linderten das Los der Gefangenen, setzten sich womöglich für deren Freiheit ein. In großen Notzeiten, wie Pestepidemien, opferten sie ihr Leben nicht nur für die Brüder und Schwestern, auch für die Heiden. Und auch heute geschieht noch viel Gutes, öffentlich und privat.

Die Gegenrechnung ist allerdings leicht aufzumachen. Christen haben eine Menge Scheußlichkeiten begangen. Sie haben ihre Feinde mit dem Schwert umgebracht, Menschen als Hexen zum Tode verurteilt, Ungläubige auf Scheiterhaufen verbrannt, Kriege angezettelt und unterstützt und sich oft gegenseitig zerfleischt. Und das geschieht auch heute noch, öffentlich und privat.

Nein, dass alle Welt von Liebe redet, kann nicht daran liegen, dass die Christen der Welt so viel Liebe gezeigt haben. Dass alle Welt von Liebe redet, liegt wohl daran, dass alles Reden von der Liebe so wenig nützt. Es ist so, als wollte man sich am eigenen Schopf aus dem Sumpf ziehen. Dass das nicht geht, weiß jeder aus seiner eigenen Erfahrung. Unsere geschichtliche Vergangenheit zeigt es auch. In den letzten 6000 Jahren gab es etwa 15.000 Kriege mit über 3 Milliarden Toten. Nur 300 Jahre waren überhaupt ohne Krieg.

Der Erfolg unseres Redens von der Liebe ist also gleich Null, sonst brauchten wir von der Liebe nicht mehr zu reden. Auch Paulus redet ja nicht von der Liebe, weil sie schon da ist, sondern weil sie nicht da ist.

Christen wie Nichtchristen reden in gleicher Weise von der Liebe, weil sie in gleicher Weise versagen.
Besteht dann überhaupt noch ein Unterschied zwischen Christen und Nicht-Christen?
Doch, einen Unterschied gibt. Wir Christen haben im Scheitern und Versagen nicht die Berechtigung und die Veranlassung, aufzugeben und zu verzweifeln. Wer Schluss machen will mit der Liebe, dem Reden von der Liebe, mit dem Bemühen um Liebe, der wäre der Welt verfallen, der Finsternis und der Kälte, der würde die Verbindung mit Christus zerreißen.
Warum haben wir keine Berechtigung? In der Mitte des Textes steht ein bekannter Spruch. „Seid fröhlich in Hoffnung, geduldig in Trübsal, haltet an am Gebet." Es ist ein beliebter Spruch für Konfirmationen und Hochzeiten. Es ist gut, dass wir ihn kennen, man kann dann besser darauf achten, was dahintersteckt. Es klingt wie eine Allerweltweisheit. Wenn das Glück vor dir liegt, sei fröhlich. Wenn du im Unglück steckst, halte durch, es wird schon werden. Man muss alles nehmen, wie es kommt. Das ständige Gebet wäre dann der christliche Anhang, auf den Nicht-Christen natürlich verzichten können.
Steckt aber nicht mehr dahinter? Wenn nicht mehr dahinterstände, wäre es traurig. Das wäre ein Leben ohne wirkliche Hoffnung. Dann könnten wir mit der Liebe einpacken. Auf diese Hoffnung will aber Paulus hinweisen: Ihr Versager, die ihr von lauter Versagern umgeben seid. Obwohl ihr so versagt, einer bleibt bei euch. Deshalb seid fröhlich. Wer nicht fröhlich ist, hat vergessen, dass er da ist, denn er ist zu Weihnachten bekommen. Weil er da ist, könnte ihr auch in Trübsal geduldig sein.
Der Schluss des Verses ist der Kern des Ganzen: Immer wieder beten! Da ist einer, mit dem man reden kann, der einen ausreden lässt, dem

man alles sagen kann, auch dass man immer wieder versagt. Wo kann man das sonst noch?

Immer wieder beten. Das ist eine Gewohnheit, aber eine gute Gewohnheit. Die Erinnerung, dass da jemand ist, kommt aus dieser Gewohnheit. In dieser Gewohnheit steckt mehr, als manche ahnen, selbst hinter den schlichten Kindergebeten. Wenn man sie spricht, merkt man vielleicht, dass einem Hoffnung zuwächst, Hoffnung auf Liebe, auf Glück, auf Leben.

Man sollte diesen Vers von hinten lesen: Betet immer wieder, gerade in der Trübsal, dann wird euer Leben voller Hoffnung sein. Von dieser im Gebet geschenkten Hoffnung kommt das andere alles wieder in Gang: Liebe, Barmherzigkeit ...

Das Wichtigste an diesem Text aber ist: Paulus gibt keinen Katalog erwünschter Verhaltensweisen: Macht erstens dies, zweitens das. „Die Liebe sei ohne Falsch, die brüderliche Liebe untereinander sei herzlich." Diese Worte erinnern daran, dass es von allem Fälschungen gibt unter Christen und Nicht-Christen. Also nicht: Nun fangt schon endlich an! Sondern: Ihr wisst, dass man das braucht, fragt euch selbst. Nun fang nicht an, dass einfach zu trainieren. Das klappt nicht. Da kommen nur Fälschungen heraus. Denk daran: Da kommt jemand euch nachher wie ein Holzscheit dem anderen, bis es anfängt zu brennen. „Seid brennend im Geist." Kohle, ruße und schwele nicht so vor dich hin, lass dich anzünden. Der Dampf und der Qualm großer Worte nützen nichts. Lass dich anzünden, dann wird es warm, bei dir unter anderen.

Wie kann das geschehen? „Haltet euch herunter zu den geringen Dingen." D. h., versucht es nicht mit den großen Lebensfragen, sondern bei den kleinen Alltäglichkeiten. Das erste ist schon wichtig, das zweite aber wichtiger. Da muss sich das Feuer der Liebe zeigt. Ohne dieses Feuer beginnen wir zu frieren, es wird kalt um uns, eiskalt, bis der Tod an unser

Herz greift. Dann doch lieber sich anzünden lassen, brennen im Geist und in der Liebe. Aber wie ein einzelnes Kohlenstückchen bald verglüht, wenn es nicht andere entzündet, so werden auch wir vergehen, wenn wir dieses Feuer der Liebe nicht weitergeben. Wir können nicht selber leben wollen und den anderen seinem Leben überlassen. Auch jenseits der Friedhöfe gibt es den Tod mitten im Leben, den Tod der Einsamkeit, bei dem wir unser Kontaktbedürfnis zu Grabe tragen, den Tod der Eifersucht, bei dem wir die Gemeinschaft beerdigen, den Tod des Hasses, bei dem die Menschlichkeit draufgelegt. Bei all diesen Todesarten können wir entscheiden, ob wir den anderen zu Grunde gehen lassen und dabei selbst den Tod erleiden oder ob wir lebenspendende der Wärme verbreiten.

Wenn man dem Nachbarn auf der Straße begegnet, hat man den Eindruck, dass es mit einem „Guten Tag“ alleine nicht abgetan ist. „Wie geht's?“ – „ Es geht.“ – Na ja, dann geht's.“ Wir schmunzeln darüber, wie geschickt zwei Menschen mit einem einzigen Wort eine ganze Unterhaltung bestreiten können. Wir lachen aber vielleicht auch aus Verlegenheit, weil wir merken, dass es so nicht geht. Wer fragt „Wie geht's?“, will häufig gar nicht mit dem anderen geben, sondern er will nur zusehen, dass er möglichst schnell weitergehen kann. Wie schön wäre es, wenn wir mit dem anderen gingen. Das braucht man nicht unbedingt wörtlich zu verstehen. Man kann sich im Reden und Zuhören auf den steinigen Weg begeben, den der andere zu gehen hat. Jesus, der die beiden Jünger auf dem Weg nach Emmaus traf, fragte nicht erst lange „Wie geht's?“. Er ging ein Stück des Weges mit. Er zeigte den Jüngern den Ausweg aus der Sackgasse der Verzweiflung. Wer sich mit Jesus auf den Weg macht, kann andere an die Hand nehmen und ihnen zumindest die richtige Richtung zeigen. Die Richtung heißt Jerusalem, dort wo Jesus für uns am Kreuz gestorben ist.

10. Klagen

Eph 1,3-14

Sind Sie glücklich? Ich meine nicht den Zustand wunschloser Gleichgültigkeit, wenn man sich mit allem abgefunden hat: Wie geht's? – Na ja, es geht, den Umständen entsprechend, man schlägt sich so durch.
Ich meine „glücklich“ im Sinne vollkommener Zufriedenheit, wunschlos, durch und durch, innerlich und äußerlich.
In der Regel: Keiner! Wer ist schon völlig zufrieden? Wer kann aufs Klagen verzichten? Alt und jung, arm und reich, krank und gesund – die meisten finden einen Grund zum Klagen oder meinen, einen Grund zu haben.
Unser Predigttext klingt da ganz anders. Er ist eine einzige Lobeshymne auf das Leben, von Anfang bis Ende, voller Begeisterung.

3 Gelobt sei Gott, der Vater unseres Herrn Jesus Christus, der uns gesegnet hat mit allem geistlichen Segen im Himmel durch Christus.
4 Denn in ihm hat er uns erwählt, ehe der Welt Grund gelegt war, dass wir heilig und untadelig vor ihm sein sollten; in seiner Liebe
5 hat er uns dazu vorherbestimmt, seine Kinder zu sein durch Jesus Christus nach dem Wohlgefallen seines Willens,
6 zum Lob seiner herrlichen Gnade, mit der er uns begnadet hat in dem Geliebten.
7 In ihm haben wir die Erlösung durch sein Blut, die Vergebung der Sünden, nach dem Reichtum seiner Gnade,
8 die er uns reichlich hat widerfahren lassen in aller Weisheit und Klugheit.
9 Denn Gott hat uns wissen lassen das Geheimnis seines Willens nach seinem Ratschluss, den er zuvor in Christus gefasst hatte,
10 um ihn auszuführen, wenn die Zeit erfüllt wäre, dass alles zusammengefasst würde in Christus, was im Himmel und auf Erden ist.

11 In ihm sind wir auch zu Erben eingesetzt worden, die wir dazu vorherbestimmt
sind nach dem Vorsatz dessen, der alles wirkt nach dem Ratschluss seines Willens;
12 damit wir etwas seien zum Lob seiner Herrlichkeit, die wir zuvor auf Christus ge-
hofft haben.
13 In ihm seid auch ihr, die ihr das Wort der Wahrheit gehört habt, nämlich das
Evangelium von eurer Seligkeit – in ihm seid auch ihr, als ihr gläubig wurdet, versie-
gelt worden mit dem Heiligen Geist, der verheißen ist,
14 welcher ist das Unterpfand unsres Erbes, zu unsrer Erlösung, dass wir sein Ei-
gentum würden zum Lob seiner Herrlichkeit.

Hier wird begeistert vom Leben erzählt. Das ist für unsere Ohren ganz ungewohnt. Man stelle sich das als Antwort vor auf die Frage: Wie geht's? Ein glücklicher Mensch ist uns nicht ganz geheuer. Er übertreibt, er will etwas verbergen. Es ist ungewohnt, dass jemand nicht klagt: Die Welt ist böse, mir geht es schlecht.

Warum schlecht? Man hat Ärger mit Vorgesetzten und Kollegen. Die Arbeit macht keinen Spaß. Man verdient zu wenig. Die Kinder machen einem Sorgen, die Alten genauso. Dann das Theater mit den Nachbarn, die steigenden Preise, der Ärger mit der Waschmaschine und dem neuen Auto, das trübe Wetter, die politische Entwicklung. Klage über die Undankbarkeit der Welt. Krankheiten, die einem zusetzen. Überhaupt, alles!

So ist das. Deshalb ist ein Lob auf das Leben ungewöhnlich. Klagen gehören schon fast zum guten Ton. Aber vielleicht ist es möglich, sich von diesem Lob ein wenig anstecken zu lassen, damit wir von der Klage zum Lob kommen, nicht um Gottes willen, sondern um unseretwillen. Es könnte nämlich helfen bei den Problemen, die auf uns zukommen.

Wir müssen nach dem suchen, was uns zum Loben veranlassen könnte. Das ist nicht allzu schwierig.

Da gibt es Menschen, die uns liebhaben: Eltern, Kinder, Ehepartner, Freunde. Durch ihre Liebe und Zuneigung wird manches leichter.

Da gibt es Menschen, die uns gefördert und anerkannt haben: in der Schule, in der Berufsausbildung, unter Kollegen, in der Nachbarschaft.

Wir sind oft bewahrt worden: bei Unfällen, bei Krankheiten, vor Hunger, im Krieg.

Wir haben mitunter Glück gehabt und Erfolg. Wir haben unser Hobby, einen Garten, unser Zuhause. Und die vielen kleinen Dinge.

Es gibt aber noch gewichtigere Gründe, die uns froh machen könnten: Gott hat uns erwählt, er hat uns lieb, er will uns zu seinen Kindern machen.

Das ist wie bei einer Adoption. Auch im schönsten Kinderheim mit den freundlichsten Schwestern bleiben elternlose Kinder einsam und allein. Sie brauchen Vater und Mutter, die ihnen wirklich gehören. Erst dann fühlen sie sich angenommen und geborgen.

Genauso ist es mit uns. Wir sind in dieser Welt unbehaust. Sie ist voller Angst. Wie viel fröhlicher und mutiger könnten wir leben, wenn wir sicher wären: Diese Welt und mein Leben sind in der Hand eines allmächtigen Gottes, der es gut mit mir meint. Er ist mein Vater. Er nimmt sich meiner an, noch ganz anders, als das irdische Eltern tun können.

Gott macht uns dieses Angebot. In der Taufe spricht er dieses Angebot aus: Ich will dein Vater sein. Er hat uns schon Brief und Siegel darauf gegeben in Jesus Christus. Durch seinen Tod sind wir befreit von unserer schrecklichen Vergangenheit. Wir können aufatmen. Wir können nun in das Haus des Vaters einziehen wie ein Heimkind, das ein neues Zuhause findet.

Aber dieses Angebot wirkt sich nicht aus. Wir klagen weiter. Woran liegt das?

Das ist nicht einfach zu beantworten. Vielleicht haben wir Angst, im Leben zu kurz zu kommen, denn der Sinn des Lebens liegt unserer Meinung nach darin, möglichst viel aus ihm zu machen, also viel zu erreichen. Der versteht was vom Leben, der seine Bedürfnisse befriedigt und viele Güter ansammelt. Deshalb vergleichen wir uns immer wieder mit denen, die es angeblich besser haben als wir, die mehr Geld haben, einen besseren Beruf, mehr Ansehen, die gesünder sind, deren Kinder intelligenter sind.

Hinter der Zufriedenheit und dem Lob des Verfassers unseres Predigttextes steht eine andere Vorstellung vom Leben. Wir brauchen nicht hinter dem Sinn des Lebens herzulaufen. Wir sind anerkannt. Das macht frei, dass man vom Klagen loskommt, dass man glücklich ist mit dem, was das Leben an Möglichkeiten schenkt. Gott sei Dank.

---

11. Lebenskrise

Joh 3,1-8

1 Es war aber ein Mensch unter den Pharisäern mit Namen Nikodemus, einer von den Oberen der Juden.

2 Der kam zu Jesus bei Nacht und sprach zu ihm: Meister, wir wissen, du bist ein Lehrer, von Gott gekommen; denn niemand kann die Zeichen tun, die du tust, es sei denn Gott mit ihm.

3 Jesus antwortete und sprach zu ihm: Wahrlich, wahrlich, ich sage dir: Es sei denn, dass jemand von neuem geboren werde, so kann er das Reich Gottes nicht sehen.

d.h.: Wenn jemand nicht von neuem geboren wird (ebenso V. 5).

4 Nikodemus spricht zu ihm: Wie kann ein Mensch geboren werden, wenn er alt ist? Kann er denn wieder in seiner Mutter Leib gehen und geboren werden?

5 Jesus antwortete: Wahrlich, wahrlich, ich sage dir: Es sei denn, dass jemand gebo-
ren werde aus Wasser und Geist, so kann er nicht in das Reich Gottes kommen.
6 Was vom Fleisch geboren ist, das ist Fleisch; und was vom Geist geboren ist, das
ist Geist.
7 Wundere dich nicht, dass ich dir gesagt habe: Ihr müsst von neuem geboren wer-
den.
8 Der Wind bläst, wo er will, und du hörst sein Sausen wohl; aber du weißt nicht, wo-
her er kommt und wohin er fährt. So ist es bei jedem, der aus dem Geist geboren ist.

Was verspricht sich Nikodemus davon, dass er zu Jesus kommt? Ein interessantes Gespräch? Eine Förderung seiner religiösen Erkenntnis? Warum kommt er bei Nacht? Hat er Angst, von Freunden und Kollegen gesehen zu werden? Hat er den Wunsch nach Ruhe, die man bei einem wichtigen Gespräch braucht?

Wir wissen es nicht. Vielleicht das Letztere, denn es geht um ein wichtiges Problem: Wie kann ich das Reich Gottes sehen? Wie kann ich in das Reich Gottes kommen? Wie kann ich ewiges Leben haben? Wie kann ich vor dem göttlichen Gericht gerettet werden? Zusammenfassend: Wie erhält mein Leben einen Sinn?

Die Antwort der Pharisäer war klar: Du musst dich sittlich bemühen, dann kannst du die Sprossenleiter zu Gott emporklimmen.

Die Antwort Jesu lautet anders: Du musst neu geboren werden.

Das ist ein faszinierender Gedanke, neu geboren werden, noch einmal anfangen können. Ein Gedanke, der jeden einmal überfällt, nicht in der Jugend, wenn das Leben noch vor einem liegt, aber später dann, vielleicht in der Mitte des Lebens, wenn man begreift, was man alles falsch gemacht hat. Ich hätte diesen Fehler vermeiden, meine Möglichkeiten besser ausschöpfen müssen, jetzt wo ich weiß, wo es langgeht und worauf es ankommt.

Es gibt da viele menschliche Versuche, neu anzufangen:

Man kann verschwinden und untertauchen.

Man kann auswandern.

Man kann aus der Ehe ausbrechen und sich eine jüngere Frau oder einen jüngeren Mann suchen. Eine neue Liebe ist wie ein neues Leben.

Man kann den Beruf wechseln und einmal etwas ganz Anderes machen.

Die Krisenstimmung bricht meist in der Mitte des Lebens aus:

Plötzlich will jemand verreisen, obwohl er sonst jeden Sommer in seinem Schrebergarten verbracht hat.

Plötzlich will einer in die Disco gehen, obwohl er sonst immer erklärt hat, die Urwaldmusik nicht ausstehen zu können.

Oder man fängt mit den Schönheitsoperationen an: eine neue Nase, etwas Fett absaugen. Sie fühlen sich wie neugeboren!

Aber bei nüchterner Betrachtung: Das alles ändert nichts, wenn ich nur etwas an mir verändern möchte. Es käme doch darauf an, etwas in mir zu verändern. „Ein reines Herz, Herr, schaff in mir."

Wenn ich nur etwas an mir ändere, bleibe ich derselbe mit allen Fehlern und Unzulänglichkeiten.

Wo bleibt die grundlegende Änderung?

Johannes beschreibt in seinem Evangelium eine solche Möglichkeit: Gott kann Menschen ändern in Jesus Christus durch den Heiligen Geist.

Gott,

d. h. nicht ich selbst, sondern der ganz andere, der mich kennt, bis in die verborgenen Winkel hinein, bis in die Abgründe, in die ich mich selbst zu blicken scheue, bis in die Tiefen, die ich selbst nicht kenne. In Psalm 139 heißt es:

1 HERR, du erforschest mich
und kennest mich.

2 Ich sitze oder stehe auf, so weißt du es;
du verstehst meine Gedanken von ferne.
3 Ich gehe oder liege, so bist du um mich
und siehst alle meine Wege.
4 Denn siehe, es ist kein Wort auf meiner Zunge,
das du, HERR, nicht schon wüsstest.
5 Von allen Seiten umgibst du mich
und hältst deine Hand über mir.

Jesus Christus,

d. h. die grundlegende Erneuerung kann nur in ihm geschehen, durch sein Wort. Nikodemus ist ein gutes Beispiel dafür. Die Geschichte mit ihm geht ja weiter. Er wird noch öfter, nicht nur in dieser Nacht, mit Jesus zu tun haben. Er gehört zum Kreis der Richter, die das Urteil über Jesus fällen. Dort erhebt er seine Stimme und versucht zu retten. Als alle Hohenpriester und Pharisäer gegen Jesus sind, tritt Nikodemus für ihn ein: „Richtet unser Gesetz einen Menschen, ehe man ihn verhört hat und weiß, was er tut?“

Nikodemus hat erfahren, dass sich das Gespräch mit Jesus lohnt. Wenn man Jesus selber hört, beurteilt man ihn anders, als wenn man nur sieht, welche Leute sich an ihn hängen. Und dann spricht das Gericht, dem Nikodemus angehört, doch das Urteil. Kreuzigen! Berichtet wird dann noch, dass Nikodemus mit Joseph von Arimathia den Leichnam Jesu versorgt und begräbt. Er stiftet dazu eine Mischung aus Myrrhe und Aloe, etwa 100 Pfund, heute etwa 33 Kilogramm.

Nikodemus mag alles merkwürdig gefunden haben, was Jesus da in der Nacht zu ihm sagt. Es ist kaum anzunehmen, dass er Jesus ganz verstanden hat. Aber das Gespräch hat Folgen für ihn gehabt. Sein Herz hat sich verändert. Er war nicht mehr der alte. Der Geist Gottes hat ihn erfasst.

Heiliger Geist

gibt Kraft zum Handeln, oft über das menschlich Zumutbare hinaus.

Der Franziskanerpater Maximilian Kolbe war 1939 ins KZ Auschwitz gekommen. Eines Tages war einem Häftling die Flucht geglückt. Als Vergeltungsmaßnahme ordnete die SS an, dass 10 Lagerinsassen im sogenannten Hungerbunker sterben sollten. Als einer der Ausgesuchten um seine Frau und seine Kinder weinte, bot sich Kolbe an, an seiner Stelle zu sterben. Sie wechselten ihre Häftlingsnummern aus, und Kolbe kam auf die Todesliste. Tagelang saßen sie ohne Nahrung im Hungerbunker. Einer nach dem andern starb unter entsetzlichen Umständen. Nur Kolbe saß aufrecht, betete und spendete Trost. Als sein Sterben zu lange dauerte, gab man ihm eine tödliche Spritze.

Es gibt vieles, sichtbar und unsichtbar, bei dem der Geist Gottes am Werk ist. Aber ganz gewiss da, wo einer die Last des andern trägt.

---

12. Leiden

2Kor 4,7-18

Steintöpfe sind selten geworden. Unsere Töpfe sind aus Eisen, Blech, Glas oder Plastik. Steintöpfe verstauben im Keller. Mit ihrer klobigen Gestalt sind sie ein Gruß aus vergangenen Zeiten. Kleinere Steintöpfe taugen allenfalls zum Rumtopf, größere sind vergessen wie Petroleumlampen.

Der Nachteil von Steintöpfen ist, dass sie sehr schwer sind. Glasiert rutschen sie einem leicht aus den Händen, besonders in gefülltem Zustand. Und auf dem Boden springen sie in tausend Stücke. Sie sind aus Erde, irdene Gefäße, und werden nach dem Zerbersten wieder zu Erde. Die Zerbrechlichkeit ist sozusagen ihr Wesensmerkmal, und deshalb sind sie eigentlich nicht geeignet für kostbare Sachen. Da wäre Stahl besser. Umso erstaunlicher ist, dass wir nach Paulus einen Schatz in zerbrechlichen Tonkrügen tragen.

7 Wir haben aber diesen Schatz in irdenen Gefäßen, damit die überschwängliche Kraft von Gott sei und nicht von uns.
8 Wir sind von allen Seiten bedrängt, aber wir ängstigen uns nicht. Uns ist bange, aber wir verzagen nicht.
9 Wir leiden Verfolgung, aber wir werden nicht verlassen. Wir werden unterdrückt, aber wir kommen nicht um.
10 Wir tragen allezeit das Sterben Jesu an unserm Leibe, damit auch das Leben Jesu an unserm Leibe offenbar werde.
11 Denn wir, die wir leben, werden immerdar in den Tod gegeben um Jesu willen, damit auch das Leben Jesu offenbar werde an unserm sterblichen Fleisch.
12 So ist nun der Tod mächtig in uns, aber das Leben in euch.
13 Weil wir aber denselben Geist des Glaubens haben, wie geschrieben steht (Psalm 116,10): „Ich glaube, darum rede ich“, so glauben wir auch, darum reden wir auch;
14 denn wir wissen, dass der, der den Herrn Jesus auferweckt hat, wird uns auch auferwecken mit Jesus und wird uns vor sich stellen samt euch.
15 Denn es geschieht alles um euretwillen, damit die überschwängliche Gnade durch die Danksagung vieler noch reicher werde zur Ehre Gottes.
16 Darum werden wir nicht müde; sondern wenn auch unser äußerer Mensch verfällt, so wird doch der innere von Tag zu Tag erneuert.
17 Denn unsre Trübsal, die zeitlich und leicht ist, schafft eine ewige und über alle Maßen gewichtige Herrlichkeit,

18 uns, die wir nicht sehen auf das Sichtbare, sondern auf das Unsichtbare. Denn was sichtbar ist, das ist zeitlich; was aber unsichtbar ist, das ist ewig.

Paulus meint mit dem irdenen Gefäß den Menschen. Das ist einleuchtend, Darauf werden wir bei jedem Begräbnis hingewiesen: Erde zu Erde, Asche zu Asche, Staub zum Staube. Was meint er aber mit dem Schatz, den wir in uns tragen?

Es könnte die Gesundheit sein. Aber die ist gefährdet und unsicher, auch wenn wir noch so sehr darauf achten.

Ein Schatz könnte auch die Ehefrau sein. Aber fast jede zweite Ehe wird geschieden. Und Eheversicherungen gibt es noch nicht, nur Eheverträge, die finanzielle Vorkehrungen treffen.

Wie wäre es mit dem Geld in der Schatztruhe? Aber das ist bei der nächsten Inflation auch weg, weshalb viele zum Kauf einer Immobilie raten.

Irgendwie ist alles gefährdet, was wir als Schatz ansehen könnten. Dabei sind wir so darauf aus, uns Schätze zu sammeln. Sie erhöhen, so meinen wir, unsere Sicherheit. Aber selbst die Religion bietet keine Sicherheit: Katastrophen treffen alle, nicht nur die Bösen. Und mit Spenden erwerben wir uns kein Anrecht auf den Himmel.

Was ist nun der Schatz, der keiner Gefährdung ausgesetzt ist und dessen Bestand wir auch nicht absichern können? Paulus meint wohl das Evangelium, obwohl auch das von außen betrachtet nicht gesichert ist. Das Evangelium ist auch Menschenwort, das allen möglichen Veränderungen unterliegt. Aber das macht Paulus nicht unsicher, denn er ist gewiss, dass die Kraft des Evangeliums innerlich betrachtet von Gott kommt und nicht vom Menschen. Der Garant dafür ist Jesus Christus, der für uns in den Tod gegangen ist. Die irdenen Gefäße können letztlich diesen Schatz nicht schützen. Wir bleiben immer die Empfangenden und sind nicht die Macher. Aber im Bewusstsein unserer Unzulänglichkeit können wir hoffen, menschlich zu werden und menschlich zu bleiben, auch wenn die irdenen Gefäße so manchen Sprung haben.

---

13. Liebe

Joh 13,31-35

31 Als Judas nun hinausgegangen war, spricht Jesus: Jetzt ist der Menschensohn verherrlicht, und Gott ist verherrlicht in ihm.
32 Ist Gott verherrlicht in ihm, so wird Gott ihn auch verherrlichen in sich und wird ihn bald verherrlichen.
33 Liebe Kinder, ich bin noch eine kleine Weile bei euch. Ihr werdet mich suchen. Und wie ich zu den Juden sagte, sage ich jetzt auch zu euch: Wo ich hingehe, da könnt ihr nicht hinkommen.
34 Ein neues Gebot gebe ich euch, dass ihr euch untereinander liebt, wie ich euch geliebt habe, damit auch ihr einander lieb habt.
35 Daran wird jedermann erkennen, dass ihr meine Jünger seid, wenn ihr Liebe untereinander habt.

Jesus sagt: Ein neues Gebot gebe ich euch, dass ihr einander lieben sollt! Zweifel, dass hier etwas Neues gesagt ist.
Die Liebe kennen alle Menschen, vor und nach Jesus. Jeder fühlt diesen Drang zum anderen hin, mit dem er zusammen sein möchte, jeder spürt die Leidenschaft, um derentwillen er Vater und Mutter verlässt, unter Schmerzen und Opfern. Jeder ahnt etwas davon: Ich kann nicht bei mir bleiben, ich muss meinen engen Kreis verlassen, zum anderen hin, weil ich nicht allein leben will und kann
Was ist also das Neue?

Man hat gesagt, das Neue sei die Liebe zu den Feinden. Aber weder hier noch sonst kommt sie bei Johannes vor. Auch die Juden würden protestieren. Schon das Alte Testament kennt die Feindesliebe. David verschont seinen Feind Saul zweimal. Und die Sprüche Salomos machen deutlich: Hungert deinen Feind, so speise ihn mit Brot. Dürstet ihn, so stärke ihn mit Wasser.

Auch die Feindesliebe ist also nicht das Neue. Das Neue muss in Jesus selbst liegen. „Ihr sollt einander lieben, wie ich euch geliebt habe." Jesus weist auf eine neue Qualität dieser Liebe hin. Worin liegt sie?

1.

Am Anfang des 13. Kapitels wäscht Jesus seinen Jüngern die Füße. Er, der Herr, macht sich zum Knecht. Er sieht von sich selbst ab, er entäußert sich. Genau wie beim Abendmahl wendet sich Jesus seinen Jüngern ganz zu. Heißt es dort: Das ist mein Leib für euch gegeben. Das ist mein Blut für euch vergossen, so heißt es hier: In meiner Liebe tue ich das Letzte für euch. Wir wissen, es ist nicht leicht, von sich abzusehen.

- Eltern lieben ihre Kinder, versorgen ihre Kinder. Aber zugleich binden sie die Kinder an sich. Es fällt ihnen schwer, sie ihren eigenen Weg gehen zu lassen.
- Ehepartner lieben einander und werden dadurch abhängig voneinander. Sie brauchen sich gegenseitig, die gebrauchen sich gegenseitig, so dass der eine eifersüchtig über die Liebe des anderen wacht. Unsere Liebe macht und selbst und den anderen oft unfrei.
- Single-Bewegung: Sie ist entstanden aus Furcht vor Bindungen, aus Furcht, von einem anderen vereinnahmt zu werden. Sie ist ein Spiegelbild der eigenen Schwächen: Nicht so lieben zu können, dass der andere frei bleibt. Die vermeintliche Freiheit, die nur äußerlich ist, führt in noch tiefere Abhängigkeiten von sich selbst.

- Jesus möchte, dass wir frei werden in der Liebe. Frei von Eigenliebe und Herrschaftsdrang. Diener des anderen. Selbstlose Liebe.

2.

Jesus sieht davon ab, ob der andere diese Liebe verdient hat.

- Er wäscht auch dem Judas die Füße, der ihn verrät. Er wäscht auch Petrus die Füße, der ihn verleugnet.
- Viele mögen uns nicht so, wie wir sind. Sie möchten uns anders ab. Sie setzen uns die Pistole auf die Brust mit ihrer Wenn-Dann-Liebe. Kinder empfinden das sehr oft so. „Wenn Du eine zwei schreibst, dann mag ich dich wieder. Wenn du mir nicht mithilfst, dann kannst du auch nicht erwarten, dass ich für dich noch einen Handschlag tue."
- In der Bibel wird erzählt, dass Jesus ohne Vorbehalte und Bedingungen zu den Menschen „Ja" sagt. Er kehrt in das Haus des Zöllners sein, der wirklich die Menschen betrogen hat. Er rettet die Ehebrecherin vor der Steinigung, obwohl sie wirklich auf frischer Tat ertappt worden ist. Er erzählt von einem Vater, von seinem Vater, der seinen verlorenen Sohn in die Arme schließt, obwohl der es in der Ferne wirklich wild getrieben hat. Voraussetzungslos Liebe.

Wir haben gefragt: Was ist das Neue am Liebesgebot Jesu? Nicht die Liebe überhaupt, nicht die Feindesliebe, sondern die selbstlose Liebe und die voraussetzungslose Liebe.

Wir schaffen das nicht. Solche Liebe, wenn sie geschieht, weist hin auf den verherrlichten Herrn. Der ganze Text kreist um den verherrlichten Herrn.

Jesus spricht hier im Vorausblick auf seinen Tod. Wer liebt, erfährt die Grenzen der Liebe. Grenzen sind zum Beispiel eine Trennung, Missverständnisse, ein Auseinanderleben. Das kann menschliche Liebe überwinden, nur nicht die Grenze des Todes. Der Tod trennt, unwiderruflich. Jesus nimmt Abschied von den Seinen, erkennt ihren Schmerz. Dabei gehört die Liebe doch den Lebenden. Natürlich gehört zur Trauer das lebende Gedenken, sich an jemanden erinnern, aber wir können keine versäumte Liebe nachholen. Wir können nur empfangene Liebe weitergeben. Deshalb der Hinweis auf den verherrlichten Herrn: Liebe üben, weitergeben an die Lebenden.

Dabei sterben wir oft. Unsere Liebe erstirbt. Deshalb hat der Hinweis auf den verherrlichten Herrn noch eine andere Bedeutung: Jesus ist nicht im Tod geblieben. Seine Liebe hat den Sieg errungen, wie sich in seiner Auferstehung und seiner Himmelfahrt zeigt. Darin liegt ein Trost für uns: Seine Liebe siegt über unsere Lieblosigkeit. Sie umfängt uns, tröstet uns, richtet uns wieder auf. Ein neues Gebot gebe ich euch: Neu ist die Hingabe in der Liebe an den anderen, die Zuwendung zum anderen trotz seiner Schwächen, und das, weil Jesus uns schwache Menschen selbst liebt.

14.Verzweiflung

Ps 8,5-6

5 Was ist der Mensch, dass du seiner gedenkst,
und des Menschen Kind, dass du dich seiner annimmst?
6 Du hast ihn wenig niedriger gemacht als Gott,
mit Ehre und Herrlichkeit hast du ihn gekrönt.

Vor gut einer Woche musste ich meine Frau ins Krankenhaus bringen. Die Schmerzen fingen mitten in der Nacht an, sie hörten auch am Tage nicht auf. Am Abend war es dann soweit: Die Gallenkolik ließ sich auch durch krampflösende Mittel nicht mehr lindern. Der Hausarzt musste meine Frau ins Krankenhaus einweisen.

Meine Frau wollte aber nicht ins Krankenhaus, obwohl es notwendig war. Sie wollte überhaupt nicht krank sein. Sie wollte in die Schule zu ihren Kindern. Mir selbst und unseren halbwegs erwachsenen Töchtern traute sie schon zu, dass wir uns alleine durchbringen würden. Aber da waren noch die geistig behinderten Kinder in der Sonderschule. Mit denen könne man nur richtig umgehen, wenn man alle ihre Besonderheiten gut kennt. „Wer soll denn meine Arbeit dort tun?, fragte sie. „Das kann doch keiner. Ich bin doch notwendig."

Es ist ein gutes Gefühl, notwendig zu sein, gebraucht zu werden. Es ist ein gutes Gefühl, etwas zu tun, was notwendig ist. Aber ist es wirklich so? Oder unterliegen wir da nur einem Trugschluss?

Meine Frau liegt immer noch im Krankenhaus. Die Arbeit an der Sonderschule geht im Augenblick auch ohne sie weiter. Und ich bin ganz sicher: Wenn ich als einer unter 100 Kollegen an meiner Schule ausfiele, würde ich bei der jetzigen Lehrerschwemme nicht einmal eine Lücke hinterlassen.

Bin ich also notwendig? Ist das, was ich tue, notwendig? Ist die Arbeit in dieser Kammer der EKKW, der Liturgie-Kammer, notwendig?

Der Zufall wollte es, dass ich am Tage darauf, nach einer unruhigen Nacht ohne viel Schlaf, im Religionsunterricht einer 12. Klasse einige Texte zum Menschenbild in unserer Zeit besprechen musste. Moderne Texte.

Die Ausführungen des französischen Biologen und Chemikers Jacques Monod schienen eine Antwort auf die Frage meiner Frau zu sein. Monod schreibt in seinem Buch „Zufall und Notwendigkeit":

„Wir möchten, dass wir notwendig sind, dass unsere Existenz unvermeidbar und seit allen Zeiten beschlossen ist. Alle Religionen, fast alle

Philosophien und zum Teil sogar die Wissenschaft zeugen von der unermüdlichen, heroischen Anstrengung der Menschheit, verzweifelt ihre eigene Zufälligkeit zu verleugnen."

Monod ist davon überzeugt, dass das Leben auf der Erde zufällig ist, und zieht daraus die Schlussfolgerung:

„Wenn der Mensch diese Botschaft in ihrer vollen Bedeutung aufnimmt, dann muss der Mensch endlich aus seinem tausendjährigen Traum erwachen und seine totale Verlassenheit, seine radikale Fremdheit erkennen. Er weiß nun, dass er seinen Platz wie ein Zigeuner am Rande des Universums hat."

Es ist für mich ein schwacher Trost, wenn uns der ähnlich wie Monod denkende französische Schriftsteller Albert Camus nahelegt, in Sisyphos einen glücklichen Menschen zu sehen, weil dieser wisse, wie absurd und sinnlos alles ist.

Es ist für mich ein schwacher Trost, wenn der österreichische Schriftsteller Erich Fried den Menschen mit einem Hund vergleicht, der seinem vierbeinigen Freund nur voraushat, dass er sagen kann, dass er weiß, dass er stirbt wie ein Hund.

Bin ich ein Zigeuner am Rande des Universums? Bin ich Sisyphos? Bin ich ein Hund?

Was ist der Mensch? So fragt auch der Verfasser des 8. Psalms. Seine Antwort führt uns in eine andere Richtung:

„Was ist der Mensch, dass du seiner gedenkst, und des Menschen Kind, dass du dich seiner annimmst? Du hast ihn wenig niedriger gemacht denn Gott, und mit Ehre und Schmuck hast du ihn gekrönt."

Wer gültig über den Menschen reden will, der muss zuerst von Gott sprechen.

Ich bin kein Zigeuner am Rande des Universums. Wenn ich mich auch oft als bedeutungslos empfinde und darunter leide, Gott hat mich zu seinem Ebenbild geschaffen.
Ich bin kein Sisyphos. Wenn mir auch oft die Arbeit wie sinnloses Steine-Wälzen vorkommt, Gott denkt an mich.
Ich bin kein Hund. Wenn ich auch sterben muss, Gott nimmt sich meiner an.
Indem sich Gott mir zuwendet, wendet er meine eigene Not von mir ab. Dadurch setzt er mich in die Lage, mit seiner Hilfe die Not anderer Menschen zu wenden.
Es ist so. Und wenn es nicht so ist, möchte ich es wenigstens glauben.

Printed by Books on Demand GmbH, Norderstedt / Germany